# 懂爱

## 高情商经营婚姻

白羽璐 / 著

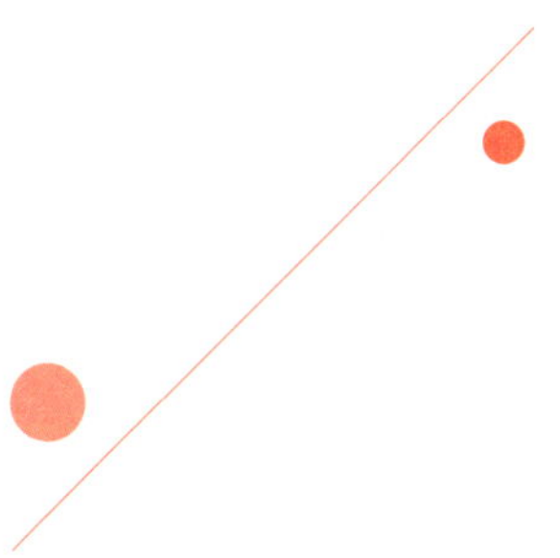

中华工商联合出版社

图书在版编目（CIP）数据

懂爱：高情商经营婚姻 / 白羽璐著. -- 北京：中华工商联合出版社，2021.11
ISBN 978-7-5158-3101-5

Ⅰ. ①懂…　Ⅱ. ①白…　Ⅲ. ①女性－婚姻－通俗读物
Ⅳ. ①C913.13-49

中国版本图书馆CIP数据核字（2021）第179630号

懂爱：高情商经营婚姻

作　　者　白羽璐
出 品 人　李　梁
责任编辑　吴建新
装帧设计　柏拉图
责任审读　郭敬梅
责任印制　迈致红
出版发行　中华工商联合出版社有限责任公司
印　　刷　天津文林印务有限公司
版　　次　2021年11月第1版
印　　次　2021年11月第1次印刷
开　　本　880毫米×1230毫米　1/32
字　　数　156千字
印　　张　7.5
书　　号　ISBN 978-7-5158-3101-5
定　　价　49.90元

服务热线：010-58301130-0（前台）
销售热线：010-58302977（网店部）
010-58302166（门店部）
010-58302837（馆配部、新媒体部）
010-58302813（团购部）
地址邮编：北京市西城区西环广场A座
19-20层，100044
http://www.chgslcbs.cn
投稿热线：010-58302907（总编室）
投稿邮箱：1621239583@qq.com

# 自序

Preface

人生，就是在一次又一次的痛苦与失败中，不断总结教训，不断修正自己，不停在困境中追寻光亮的过程。这也才是生命成长的真正过程。

我的人生上半场，勉强算是“顺利”，学业有成，一毕业就进入知名外企，在适婚的年纪如愿走入婚姻殿堂。一切似乎都很好，有人关心，有人陪伴，日子就这么一天天如白驹过隙般飞驰而过……

直到有一天，幸福的泡泡一瞬间在我眼前破灭，连个招呼也没打，赖以生存的一切都消失得无影无踪。那一刻，我突然明白：没有什么事是永恒的，没有什么人是可以依靠的；唯一真正能依靠的，只有自己；而自己，不可以永远是个小女孩，等待被人照顾，等待被救赎；唯一能做的，是自己擦干眼泪，把自己打碎，然后再重塑。因为你不坚强，没有人会替你奔跑。

前几日，偶然听到俞敏洪老师的一句话，他说自己分析过所有认识的人及其生活，特别是深刻理解过的人，他发现每个人的人生中都有几乎等量的痛苦和烦恼。这句话非常深刻！我们都会遇到自己的人生课题，没有谁会比谁好过一点点。“苦”本就是人生的受用，关键是你如何服了这剂“苦”药，并转变成自己的能量，以助你前行。

我已服两剂“苦”药，真的非常苦！10岁时，我经历了父亲的“死别”。30岁时，我经历了爱人的“生离”。每一剂药，我都用了10年，从绝望到接受，从接受到感恩，从感恩到成长。从中，我也深刻认识到，自己才是一切的源泉。你的快乐、悲伤、富足与喜悦，都是可以自己创造的。而这一切的前提，是你拥有了足够的生命体验、不断地学习与透彻的体悟后得来的。

这10多年来，我游走了30多个国家，放开眼界，打开心扉，学习各种文化、知识、技术，跟随多位德行高尚的恩师，在他们身边，我又找回了温暖和力量。伴随着自己的成长，我也拥有了解决一些烦恼的能力，拥有了可以让生命更有力量的一些智慧。

当我看到身边还有许多人和当年的我一样，深陷迷茫与恐惧之中，更糟糕的是，自己却无力改变，只能看着自己的生活像坐滑梯一样，不可控制地滑向痛苦的深渊……于是，我开始创办“太太之道”，开始分享我学习到的所有智慧和体悟到的心得。很多时候，生命的改变，往往就在一个“转念”。这个“转念”，就是你的认知。创办“太太之道”4年来，我看到了大家的变化，看到了这么多人原本麻木、痛苦，现在爱情甜蜜、事业顺利，我也收获了极大的满足。

十余年来，我做了上万个案，其中关于情感、婚姻的占80%，我知道太多人并不是不爱，而是不懂爱、不会爱。从出生到为人妻、为人母，我们学过很多课程，却没有学过一堂课——如何去爱。于是，我想写一本书——《懂爱》。用我自己的故事、家人的故事、朋友的故事，告诉大家每个故事背后的因，以及每种关系更好的处理方法。

无论是正在经历情感甜蜜期的人，还是正处情感倦怠期的伴侣，生命很长，未来一定会有各种各样的风雨。如何携手走过一生，靠的不仅是“爱”，更是“懂”。最后，愿所有人，都不惧风雨，用智慧为自己和家人垒起遮风挡雨的“墙”！

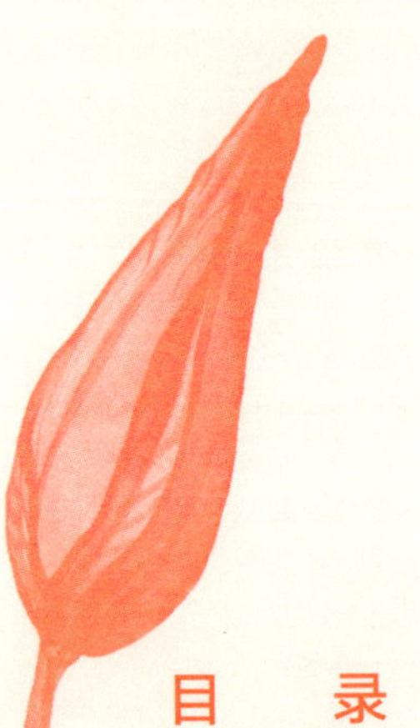

# 目　录

CONTENTS

CHAPTER 2

## 他受够了，有多少次想离开

不翻“旧账”，学会和过去告别，和过去言和。挥别过去，未来才会来临。

## CHAPTER 3
## 她究竟要什么，你知道吗？

幸福的婚姻，是两个人用真诚经营出来的。如果没有了真诚，没有了对爱的尊重，两个人就会渐行渐远，最后分道扬镳。



## CHAPTER 4
## 不幸的婚姻里，没有无辜者

美好的爱情需要两个人用心地灌溉和扶持，彼此依赖却又相互独立。

CHAPTER 5

## 再亲密的关系，也需有自己的空间

每个人，在成为别人的太太之前，首先要成为独立而优秀的自己。



CHAPTER 6

## 接受不同，让“我”成为“我们”

生活中没有对错，只有角度不同。只有用包容接纳的方式去对待伴侣，才能真正走入对方的内心，和谐相处。

CHAPTER 7

## 别让孩子成为“家族战争”的导火索

孩子应该是一份深深的牵挂，是夫妻关系的润滑剂，而不应是“横刀夺爱”的第三者。



CHAPTER 8

## 风雨过后，一起遇见美好

善良不是一味地忍让或取悦，不是委屈自己成全别人，更不是只满足于眼前的苟且。

第一章

Chapter 1

# 努力生活着，爱却消失了

幸福也没有捷径，唯有用爱不断经营。只有愿意共同去承担这些琐碎，才能让一段婚姻走得长久。

懂爱：高情商经营婚姻

# 围城里的一地鸡毛

婚姻就像一座天平，
需要双方共同付出，
才能保持稳定。

真正压倒婚姻的，从来不是最后那几个没洗的碗，那几句说错的话，而是天长日久累积下来的不堪忍受的琐碎。

我之前在知乎上看到过一个问题："什么时候你觉得必须要离婚了？"回答里也几乎都是一些鸡毛蒜皮的小事。婚姻本应该是两个人一起付出，互相理解，如果有一方既不参与也不理解，那另一方必然会觉得心寒、受伤。

不要小看这些"鸡毛蒜皮"，就算是情感基础再好的伴侣，依然容易被日常生活中的琐碎打败。

在琳琳看来，自己的老公有点儿木讷，从来不知道自己真正需要的是什么；儿子淘气不爱学习，自己经常被老师叫去谈话；在自己有事时，婆婆从不帮忙，等等。她总觉得自己是世界上烦心事最多的那个人。

在一次同学聚会上，她见到了老同学莎莎。聊起家常时，莎莎眉宇间露出的是满满的幸福：老公勤快，孩子乖巧，公婆身体健康。琳琳听了就很羡慕。

直到聚会结束莎莎走后，琳琳才从另一个女同学嘴里听说，原来莎莎的老公是大男子主义，在家里从来不帮莎莎干活，孩子又有点先天不足，经常生病，但从莎莎嘴里说出来却都是幸福。

琳琳忽然就明白了，原来每个人的婚姻都是一地鸡毛，不同的是我们对待婚姻的态度。很多家庭中，往往会有一方付出更多，这种付出往往会被当作理所应当，因此视而不见。

可谁受得了一直付出还不被人当回事呢？

婚姻就像一座天平，需要两个人用同样的力气才能保持稳定，如果有一方参与度过低，久而久之，天平就会倾斜，最终倒塌。所以只有当两个人都参与到家庭生活中时，才会明白对方的辛苦。家是两个人的，需要两个人相互体谅、共同努力，而幸福也没有捷径，唯有用爱不断经营。只有愿意共同去承担这些琐碎，才能让一段婚姻走得长久。

亦舒曾说：“什么头晕颠倒、海誓山盟，得不到鼓励，都是会消失的，谁会免费爱谁一辈子？”

婚姻中的很多矛盾出在夫妻双方互相推卸责任，认为一切都是对方的错，是对方的原因才造成了糟糕的局面，因此不是抱怨生活就是发泄情绪，最后搞得两人都疲惫不堪。当你能用心经营好自己的生活，能独自活得精彩时，两个人的婚姻也差不到哪儿去。相反，如果你连自己都活不好，还怎么经营好婚姻？

有个朋友对我说，她的老公只要有什么事情不对了，总能抱怨到她头上，车坏了抱怨她，运气不好了抱怨她，打牌输了抱怨她，生病了抱怨她，最后连签收快递都抱怨她，她为此非常苦恼。她本是一个聪明、独立自主的女孩，可是她的老公总是什么事情都迁怒于她，让她很有压力，觉得自己是不是什么都做不好，做什么都错。现在，她每做一件事前，都会左想右想：老公会不会又不高兴？这么做对不对？

这个女孩并没有做错什么，如果一定有，那就是她应该在最开始发生这样的问题时，就及时地想办法解决，打破老公习惯性地抱怨，对他说NO。

每个人在人际关系中都需要成长，每个人既是对方的爱人，也是对方的生命教练。好的教练可以让对方变得更好，从而让自己的生活也变得精彩；不好的教练，只会因一个小小的问题，让婚姻一点点陷入不可挽回的泥潭。就像泰坦尼克，如此奢华的巨轮，终因一个不起眼的小洞，崩塌沉没。

“幸福的婚姻千篇一律，不幸的婚姻各有不同。”试着提升自己的高度，站在低处时，看到的都是鸡毛蒜皮，站在高处时，看到的都是无限风光。想让自己的生活有所改变，先改变自己的视角，提升自己的高度，婚姻里的一地鸡毛，会在你手中成为不错的鸡毛掸子。

## 战争，总是一触即发

感情不是竞技，学会控制情绪，才能收获美满。

在许多人惯常的思维里，感情像是一场竞技。在追求时，对方是猎物；在相处中，双方在拔河。许多男男女女，都在计算着“我们俩谁是主动”，这种主动程度的判断标准之一是“谁一怒之下离开家了，还会主动回来”。强势的一方将获得许多主动权，逼迫对方在许多细节上做出让步。于是越到后来，感情越会变成一种你来我往的竞技——“谁爱得更多一点，谁付出更多一点，谁得让着谁”。

其实，夫妻之间争吵的，往往都是“小事”。比如你忘记了周五陪我看一场电影，陪伴我的时候少了些温柔……争吵本来就是夫妻沟通方式之一，只是有的夫妻越吵越恩爱，有的夫妻总是把小事演化成决裂。我小时候经常听到家里人斗嘴时说一句话：“你今天吃枪药了吗？”这句话十分好玩，也很有表现力，它的意思是说：本来能好好说的话，为什么你说出来却那么有攻击性，火药味那么浓？本来可以好好说的事，偏偏因为几句带着火药味的话导致剑拔弩张。

更有意思的是，不管是哪种关系，只要出现了这个问题，双方当事人都会异口同声地说：都是他先找事的！其实这是个男性和女性沟通方式的问题。

女孩生病了，男孩深夜陪同女孩去医院，付了来回打车费及医药费。女孩就诊后回父母家休养，男孩觉得女孩已经确诊开药也回到爸妈身边了，就放心地去做自己的事情了，每天跟女孩的沟通就少了。

而这个时候女孩不开心了，质问男孩为什么不关心她，自己在家里都感受不到他的爱；男生觉得我该做的都做了，而且毫无怨言，你现在回家了好好养着就行了呀，我天天问候来问候去能让你的病好得快吗？

于是，两人就吵起来了，男孩觉得女孩不顾实际只喜欢听甜言蜜语，女孩觉得男孩冷血不关心自己，爱情明明是心灵的陪伴。

从上面这个例子可以看出：在两性关系中，男性更希望讲道理，女性则更重视态度。许多时候，男人只需要说一句“我们来讲讲道理行不行”，而女人只要回一句“那你态度要好一些，要商量，不能吼我”。这样的沟通前准备能让双方从情绪中抽离出来，带着理智和冷静进入对话。可要命的是，许多男女不会讲这句话，越吵越离谱，越吵越不可收拾。追根溯源，吵架是从双方不愿沟通，而又想自我保护开始。

正如王小波所说的，“人一切的痛苦，本质上都是对自己无能的愤怒”。我十分认同这句话，而且我认为这是我们一切争吵爆发的根源：双方感受到了自己的无力感，进而开启了自我防御机制，将不安全感转化为对对方的愤怒和敌意。

其实，动物界有一条铁律：越是看起来凶恶的，越是不想战斗。故作凶猛，只是为了吓退对手罢了。许多男女吵架，不是真想伤害对方，只是一种先下手为强的自我保护。我认为，想要不吵架很简单，只要想清楚一点：当两个人在一起时，感情是无法强行分割开的，就像食材煮在一锅汤里，哪怕彼此还是彼此，但味道已经融合在了一起，而且逐渐潜移默化，改变着彼此。不要强迫对方按自己的逻辑来，也不要觉得自己按对方逻辑来就是输了。

为了促进夫妻之间的交流，减少感情伤害，有一些规则可以去试试。

第一，学会做情绪的主人。一个人最大的天敌不是站在你对面嘶吼的爱人，而是自己的情绪，当你可以驾驭自己情绪的时候，你就“无所不能”。因此，当两个人情绪激动，“战争”即将爆发前，给自己三分钟深呼吸，尽量地安静下来，在确定情绪平静后进行沟通。千万注意时机，否则你们都将成为情绪的“炮灰”。

第二，不“翻旧账”。夫妻过日子，就像舌头和牙，磕磕绊绊都是正常的，不要总记得对方的不好。“翻旧账”意味着所有的过去都是过不去的坎，这样的负面信息直接让对方感到未来黑暗无光。记住，所有的力都有反作用力，你在伤害对方的时候，第一个受伤的一定是自己。你不停地揭开往日的伤疤，最终伤害的也是自己。所以请记住，关注当下的事情，就事论事，不逾界，不揭短，做一个知“礼”懂“理”的人，你一定会收获平静幸福的生活。

第三，敢于认错，不死要面子。情侣之间，第一个放下所谓的“骄傲”，敢于低头的人，其实已经收获了最大的骄傲。说出“对不起，我错了”需要莫大的勇气，是一个人自信、有爱、平和、知理的综合体现。

学着控制自己的情绪并非一件容易的事，人和人之间是各自漂浮的孤岛而并非彼此的深渊。可以在一起的两个人，要尽力去爱和给予，而不是互相消耗，彼此来补全自己的不安全感。每个人在一段关系里都应该尽量含蓄得体，不抱怨不放纵。自控是一种美德，哪怕要宣泄，也应该在可以控制的范围内，过于放纵自己的坏情绪，第一个受伤的一定是你自己。

# 时间，才是爱情的敌人

时间既能让曾经水乳交融的爱平淡，
也能让平淡的爱像一壶老酒一样，
越陈越香。

世界上没有相同的两片树叶，同样世界上没有天生就完全合拍的两个人。随着时间的推移，热恋时的甜蜜感慢慢消退，多巴胺的分泌逐渐降低，两个人生活的交集越来越紧密，难免在相处的过程中产生矛盾和摩擦。

从前有一个小男孩，他有一个好朋友，是一只梅花鹿。他很喜欢和梅花鹿一起玩耍，每次他们在一起的时候都很开心。但是小男孩发现了一个问题，那就是梅花鹿有很严重的狐臭，这让小男孩非常头疼，但是他真的

很喜欢这只鹿，所以他就忍住了这股臭味，每次都笑而不语。但是这股臭味实在是太大了，有一天小男孩终于受不了了。他气冲冲地对梅花鹿说："我再也不要和你做朋友了，你这个又脏又臭的鹿！"

梅花鹿听后愣住了，轻轻地从男孩的房间里拿出了一把刀，对他说："来给我一刀吧！"男孩听了以后大惑不解，但还是照着做了。刀在梅花鹿的身上划出了一个很大的伤口，顿时鲜血淋漓。但是梅花鹿并没有说什么，而是转身离开了。在梅花鹿走后，男孩开始怀念梅花鹿的善良、温暖，怀念梅花鹿在时的一切，他忘记了梅花鹿的狐臭。

过了很久，梅花鹿回来了。男孩迫不及待地跑过去抱着梅花鹿，向梅花鹿道歉，希望它能原谅自己。梅花鹿什么也没说，只是轻轻转身，把自己的伤口展现给男孩。梅花鹿身上的伤口愈合得很好，只有一道不怎么明显的疤，男孩以为梅花鹿原谅了自己，可是梅花鹿接下来说："你对我的伤害并不像你在我身上砍的这一刀一样，伤口会好，疤会越来越淡，你当时那句'又脏又臭的鹿'，在我心里留下的伤口，直到现在还滴着血，它从未愈合过。"说完梅花鹿转身离开，再也没有回头。

每个人在进入亲密关系时，都带着一身的优点，同时也带着一身的缺点。只不过，在刚进入亲密关系时，爱情的味道过于浓郁，它会放大这些优点，缩小这些缺点。

但是随着时间的推移，一方面爱情会从最开始的浓郁变得逐渐平稳；另一方面，用于忽略和忍耐对方缺点的力量早晚会耗尽。而后爱情中常见的一幕来了，我们会开始因为愤怒的积累而把对这个人缺点的痛恨扩大到这个人本身。正如同故事中孩子所做的，也许我们真的会说出“我怎么以前就看上你了，真瞎了眼了”之类的话语。这些杀伤力非常大的话会在对方的心里面留下一道难以愈合的伤口。于是感情开始出现裂痕，甚至走向败亡。

静言温柔美丽，曾经和先生非常恩爱，可是因为种种原因，他们分开了。在分手的那一刻，她的先生咆哮着对她说：“你快放了我吧！不要总缠着我！都是因为你，我才这么倒霉！”就是这么一句话，静言沉默了，本来还想努力挽回的婚姻，她也无力再作挣扎了。她说，这句话像梦魇一般，十多年来，她未曾忘记，一直扎在心里，每每想起，都在滴血。

网上有句很火的话，“舌头没有骨头，却胜过任何一种锋利的武器”。正所谓“嘴快一时爽，事后火葬场”，恶言恶语伤的总是最亲近之人的心。对客户的一句恶语，可能会丢掉一单生意；对爱人的一句恶语，可能会断送了感情；对孩子的一句恶语，可能会让孩子幼小的心灵留下终身的阴影。生气时闭嘴是一种智慧，更是一种修行。

语言暴力者很少意识到自己说的话有什么不对，因此他们也很少寻求对方的原谅。他们总会把问题归咎到伴侣身上，或者为自己圆场，说出例如“他活该”之类的话。他们毫无克制地用语言去虐待和惩罚伴侣，对伴侣丝毫没有同情心。就这样，多少夫妻间的感情因为一次次的恶语相向而消耗殆尽，换来一个毫无温度的婚姻。

因为亲近，说话更需要注意分寸。毕竟爱情的开端如此美好，谁都不希望栽在一句恶语上。

俗话说，“良言一句三冬暖，恶语伤人六月寒”。说的人云淡风轻，听的人遍体鳞伤。再亲密的两个人，也是有独立个性和尊严的，不要轻易语出伤人，不要永远盯着对方的缺点看。感情出现危机时，试着写下对方10条优点，对方最让你感动的10件小事，让自己沉浸在曾经的爱意中。时间既然能让曾经水乳交融的爱平淡，也一定能让平淡的爱像一壶老酒一样，越陈越香。一切，只是一个过程。

## 计较得失，是摧毁爱情的心魔

在爱情和婚姻里，
谁输谁赢、谁得谁失不重要，
重要的是两个人在稳定的关系中寻求双赢。

从少年到青年，从学习到工作，一路上我们可能早已经习惯计较得失输赢。但是，在爱情和婚姻里，谁输谁赢、谁得谁失真的不重要，最为重要的，应该是两个人在一段稳定的关系中寻求双赢。

大鹏和霜霜相恋于大学，都说毕业季就是分手季，大家都以为他们两个人也逃不过分开的命运。因为霜霜家庭条件很好，而大鹏只是一个穷小子，霜霜的父母十分反对两人的交往。毕业后父母为霜霜在老家安排了

一份不错的工作，也为霜霜物色了几个不错的相亲对象。但霜霜放弃了家中安排好的工作，毅然决然地背上行李跟着大鹏一起打拼。大鹏十分感动，觉得霜霜非常体贴，并允诺以后条件好一点了，就买房与她结婚。

大鹏的打拼之路并非一帆风顺，被人骗过钱，也投资失败过。两个人过得十分辛苦，而霜霜也把自己全部工资拿出来供两人吃穿用住。后来，大鹏遇到贵人，被公司调往了另一个城市。大鹏的事业逐渐顺风顺水，在大城市买车买房，但因为工作忙碌，把当初买房结婚的承诺忘记了。霜霜因为年岁增长，家长也多次催促结婚，但大鹏以现在没有时间拒绝了。霜霜独自扛下家中给予的压力，不忍心让大鹏难受，却从未动摇跟随大鹏的决心。她依然把大鹏的生活起居照顾得无微不至，在大鹏加班的每个夜里，她都会为之祈祷一切顺利，并为他留下一盏灯。

可能会有人说，等到大鹏功成名就，一定会抛弃霜霜，也有可能会有人说，霜霜太傻，一直默默付出，却可能什么都得不到。其实最后故事的结局，是霜霜终于结束了十年爱情长跑，在大鹏成立自己的公司后结婚了。结婚典礼办得十分隆重，两个人彼此眼含热泪。

如果在恋爱的时候总是斤斤计较，觉得自己吃亏了，总是希望对方多爱一点、多付出一点，那么，你可能最终会失去这份感情。这世上总有一种爱情，会激励你不断成为一个更好的人，前提是你能够拥有一个宽阔的胸怀和一种守护爱情的能力。

一味地计较得失，会失去的更多。懂得感恩的夫妻，从来都没有傲慢与卑微之分，更不会为了一件小事，把两个人的关系闹得很僵。体谅彼此的付出，设身处地地为对方考虑，将婚姻中一切尖酸刻薄和愤愤不平置之度外，这样的婚姻，才能更加长久。当你有了不甘心的情绪，试着站在对方的角度去考虑，或者换一种方式与对方沟通，多去看看对方的优点，学会包容与退让，这时你会发现，那些让你心生痛苦、困扰不已的，就只是一些微不足道的小事。而那个让你看不惯的人，其实也还是从前你爱着的那个人。一切的改变，有时候都起源于心态。

蓓蓓是个热情、活泼、漂亮的女孩，每一段感情都轰轰烈烈，爱得非常有存在感。好的时候，她会像男生的女朋友、情人、妈妈和老板，包管和照顾男生的一切。其实，她真的很爱对方，可是，她爱的方式让男生无法喘息，因为她的付出都被一一记账了：哪天我给你买了件名牌大衣，哪次你生病时我亲手给你煮的粥，哪次你妈妈过生日时我跑了几百公里为她祝寿，等等。每次两人发生争吵时，她就会一一细数这些账，曾经的美好顿时成了无法还清的“债”。最后，蓓蓓失去了一个又一个爱人，可是她始终想不明白，自己究竟做错了什么。

在这个现实的世界里，我们都习惯了为东西标价，金钱成为有些人衡量一切的准则之一，可爱情是超越这一切物质与世俗的，一旦你为爱情标了价，你的爱情也就只值那么一点点可怜的钱了。爱是来自心灵深处的礼物，是凌驾于这物质世界之上的能量。一个人能够为自己心爱的人付出，他本身就是幸福、快乐的，这种带着幸福的付出，本质上是纯粹的、不求回报的。同时，接收的人同样能感受到这种付出，更会回应以同样的柔情和感念。这种心与心之间的互动的美妙，无法用言语形容，更不能用金钱衡量。如果某一天双方发生争吵，一方突然将曾经的付出拉出一个长长的账单，甩在另一方的脸上，那一瞬间，所有的闪着光芒的爱都会破灭。曾经满怀爱意的付出，此时不过是一堆廉价的小商品。

以前看过一个很有意思的故事。一对年轻夫妻，为了能够平等，把所有的东西都分成两份：我洗一个碗，你就要洗一个；我花多少钱，你也只能花多少钱。他们以为自己会幸福下去，可是没多久就离婚了，因为妻子多花了 10 块钱，丈夫就喋喋不休，计较个没完。这样的婚姻，能幸福吗？如果夫妻间太计较得失，过于强调公平，那婚姻就会成为一种交易，更是一种负担，逼得人窒息，只想逃离围城。

感情中最好的状态就是，因为我爱你，所以愿意为你付出，给你我最好的东西。如果你收到了我的爱意，愿意给予回馈，我会欣然接受；如果你未能给予回馈，我也毫无怨言，因为为你付出是幸福而值得的，无须交换。

# 糟糕，我们失去了共同语言

学会寻找和创造一个共同的话题，
是爱情的经营之道。

曾经看到过一个词：无话婚姻。

无话婚姻是指夫妻间严重缺乏交流沟通，导致无话可说。然而，夫妻间最可怕的不是没有共同语言，而是把所有的问题都归结于没有共同语言。

有人说："罗子君和陈俊生离婚是因为老公一直都在进步，而老婆天天在家里买买买，两个人缺乏共同语言。你看，陈俊生下班都不愿意回家，选择坐在车里和凌玲聊天……"

不知从什么时候开始，没有共同语言成为离婚的主要元凶。

小雪在聊天群里发来信息，说自己要离婚了。那年正好是她和丈夫结婚的第七年，我们在群里感慨，果然是应了七年之痒这句老话。

小雪这段婚姻也是当初的自由恋爱发展而来的，恋爱开始时两人甜甜蜜蜜，谈了整整两年才进入婚姻，在这婚姻速成的年代真的难得了。婚后，小雪就开始备孕，怀孕时由于先兆流产被迫辞职在家保胎，生了孩子之后就在家做全职太太。

小雪的丈夫说自己下班回家后就想歇一歇，白天疲惫地应付往来的客户，有时晚上还要喝酒应酬；小雪指责丈夫对她和孩子不管不问，每天丈夫回家后，她都会和丈夫闲聊："宝宝今天没有拉便便，今天的菜真贵，排骨是我硬抢来的……"非但得不到丈夫的体贴和安慰，还会被歧视。

小雪也坦陈，她和丈夫之间的共同语言越来越少，甚至有时周末在家，她都是自己带着孩子玩，丈夫不是在睡觉，就是在看电视或者看手机，从不参与她和孩子的活动。

小雪说："挣钱又有什么用，他挣的钱又不是给我的，每月找他要生活费就像乞丐一样。他不想和我说话，我还懒得和他说话呢。"

“他不懂我”“跟他说了也是白说”“我们之间没有共同语言”……很多“80后”“90后”的夫妻存在这样的观念：既然你不懂我，那么我们就离婚吧。在这个非常注重精神交流的时代，如果伴侣之间不能相互了解，这样的生活还有什么意义？现在一些大城市的离婚率已经接近50%，而离婚的原因大部分就是一个——没有共同语言。这是一个多么触目惊心的数字，这又是一个多么可怕的婚姻红线！那么，到底什么是共同语言？如何才能找回曾经的爱意呢？

关于共同语言，我相信每个人有每个人的说法。在我看来，共同语言是在某个事物上有着同样的热情和兴趣，比如他爱看世界杯，你陪他守着大屏彻夜通宵，和他一起点评，而不会责骂他深夜不睡影响休息，埋怨他不务正业不求上进。共同语言是尊重并分享对方的兴趣，走进他的精神世界。或者，共同语言是对某个事件有着相似的观点，简单地说是三观相合。比如我说我喜欢看电影，你不会说看电影浪费时间；我说我买了个新手机，你不会呛出一句“够有钱的啊”。很多人对三观不合有误解，比如你喜欢吃西餐，我喜欢吃路边摊，这不叫三观不合；但如果你喜欢吃西餐，我说你装，我喜欢吃路边摊，你说我俗，这才叫三观不合。所以，共同语言很大程度上是两个价值取向一致的人的对话。价值观不同的人每一次谈话都极有可能引发“战争”，既而终将越来越回避、反感对话，最终走向没有共同语言的地步。所以，走进婚姻殿堂之前的两个人，一定要认真地审视，你们是否在精神上可以同频，在价值观上可以统一。这是决定婚姻幸福的重要基础。

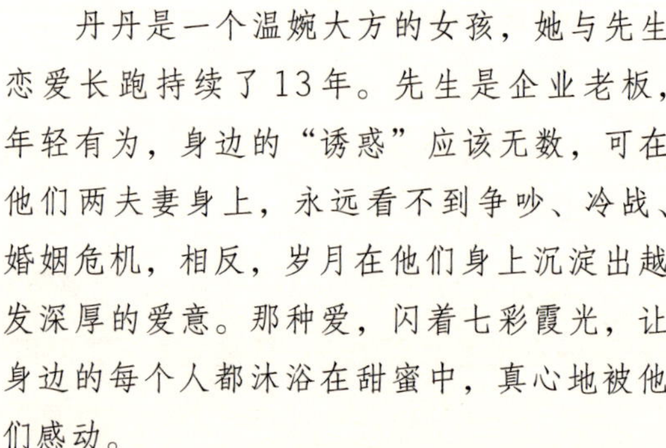

丹丹是一个温婉大方的女孩，她与先生恋爱长跑持续了13年。先生是企业老板，年轻有为，身边的“诱惑”应该无数，可在他们两夫妻身上，永远看不到争吵、冷战、婚姻危机，相反，岁月在他们身上沉淀出越发深厚的爱意。那种爱，闪着七彩霞光，让身边的每个人都沐浴在甜蜜中，真心地被他们感动。

身边的朋友们都把丹丹奉为爱神，争相向她取经，丹丹对大家说，她在结婚的时候，妈妈语重心长地告诉她，婚姻里没有道理，只有爱和尊重。秉持着这条信念，每每遇到不开心的时刻，丹丹就会告诉自己：不要任性，先生在外打拼，已经很不容易了，回到家里，他希望看到的是温暖的灯光、温柔的爱人，而不是审讯和质问。曾经，两个人之间也因为先生事业发展过快而渐行渐远，但丹丹迅速通过学习和不断的进步化解了可能的危机。她说夫妻两人虽然分工不同，男人打拼事业，女人相夫教子，但不代表女人就可以不进步。在把家庭照顾好的同时，丹丹每天都会花两个小时学习，先生做金融行业，丹丹就多了解金融；先生喜欢政治，丹丹没事就看看政治、军事的新闻。平时，她还学习花艺、茶道，在周末的早上亲手插上一盆花，布上一席茶，与先生谈笑风生地聊聊时事。

丹丹总能带给先生惊喜，他们会在一个话题上迸发出精彩的火花，先生越来越爱和丹丹聊天，应酬越来越少了，他们的感情更在每一次观点互换中升华。

丹丹说，女人永远不要埋怨男人薄情寡义、忘恩负义，长大了学会的第一件事，就是为自己的生命负责。每个人的婚姻成败，都是自己决定的。不断地提升自己，就是婚姻成功的重要因素，两个成年人在精神层面需要共同进步、相互成就，行走方向相反的两个人终将分道扬镳。共同的话题是需要用心经营的，学会寻找和创造一个共同的话题，是爱情的经营之道。

夫妻之间的爱的减少，都是从分享欲减少开始的。爱你时，看到任何事情都会分享给你："公司门口新开了家餐厅，哪天咱俩一起去！""我发现了个粉色的沙滩，等到结婚纪念日我们一起去！"可日子久了，感情被淹没在柴米油盐中后，她想去吃一家新开的西餐厅，你会说有应酬，改天；她想去找个有山有水的地方度假，你会说工作忙，下次。当一个人失去和你分享生活的兴趣时，你要警惕，你的生活可能就要亮起红灯了。

对于结婚三年以上、自以为已经是"老夫老妻"的夫妻来说，需要时刻提醒自己，有多久没有和对方手拉手聊天了，有多久没有走进对方的心里了？

在恋爱时，小许和先生两个人刚一分开，就彼此想念，从分开后到睡觉前，能发几十条信息；第二天一睁眼，满脑子都是对方。现在，两人结婚三年，孩子两岁，聊天内容经常是几天前发的内容——“我今天加班。”“哦。”可同样的情景三年前是这样的：“亲爱的，我今天晚上加班，哎，不能陪你了哦。”回复也饱含深情：“那好吧，你加完班赶紧回来啊！我把饭给你留好，你快到楼下跟我说，我给你热热。”

其实，不是彼此没有了共同语言，而是心累了、人懒了，不愿意为爱付出。结婚证就像是保险柜，领证之后对方便是自己的私有财产、囊中之物，上了锁就不会跑，于是便懒于继续经营这得之不易的婚姻。待到有一天，对方积累了足够的怒火暴发时，才恍然大悟：原来爱情是会跑的。没有心的爱情，就像没有发动机的车子，就是一堆废铜烂铁。

“没有共同语言”更多的是一种不愿为了对方而改变自己的推辞和借口。爱是相互扶持，共同成长，而不是彼此羁绊，消耗生命。

很多人认为老夫老妻已经足够熟悉彼此了，不用说也会明白对方心里所想，伸手就够得着的东西，何必踮起脚尖去够呢？其实是人变懒了，嘴也就跟着懒了。都说爱人和被爱是一种能力，会爱的人给对方幸福和快乐，被爱的人懂得如何珍惜和肯定对方。爱是伴随一生的功课，再懒，也不要失去爱的能力。

# “第三者”走进了我的婚姻

婚姻是夫妻二人的俱乐部，
必须学会割舍，与外人立界限，
保持婚姻关系的亲密。

婚姻中常见的“第三者”主要指工作、孩子、外遇。

婚姻是夫妻二人的俱乐部，必须学会割舍,与外人立界限，保持婚姻关系的亲密。

我们先来说说工作。工作成为婚姻里的“第三者”有三种情况：一是一方工作过于忙碌，或两地分居、经常出差，而冷落了另一半，造成两人感情的消磨；二是夫妻感情本就出现问题，一方故意用工作来冷落另一方，使其意识到婚姻的破裂；三则是“工作狂”，这是由于一方对工作的投入程度、被强迫工作的紧张感，以及在工作中寻求一种刺激、解脱而形成的一种症状，也叫工作成瘾综合征。“工作狂”往往不是对婚姻不满，而是他自己在现实中得不到肯定，缺乏成就感，所以就把所有的不满都发泄在工作中，导致工作与生活失调。美国心理学家斯宾塞教授指出，“工作狂”属心理变态，在各单位的低、中级管理人员中尤为常见。

长期过于忙碌的工作是婚姻的隐形杀手。忙于事业固然是好事，毕竟是为家庭奋斗，也是一种责任感的表现，但是一旦比例失衡，再善解人意的伴侣也会心生不满，毕竟婚姻是两个人的协奏曲，不是一个人的独舞。

除了工作，婚姻中第二个隐形的“第三者”就是孩子。孩子是最不容易察觉的“第三者”，是夫妻关系的内部入侵者，我们往往用亲子关系转移夫妻之间的冲突。我们对待孩子比对待配偶更亲，孩子成了避难所，跟孩子玩得开心就不愿意跟对方玩。

闺蜜结婚第六年，千辛万苦生了个宝贝。孩子降临后，她的整个世界都是孩子，孩子吃的、喝的、穿的、用的都是她一手操办，婆婆抱也不放心，老公看也不踏实，阿姨就更不能插手了。就这样，闺蜜累得几乎没时间闭眼，脾气也一天比一天暴躁。本来全家人千盼万盼的宝贝一下子成了挡在夫妻之间无法逾越的鸿沟，没过两年，好好的夫妻俩就分道扬镳了。

其实，不仅是我的闺蜜，很多夫妻在有孩子前，恩爱又浪漫，可是自从有了孩子，一切就都变了。

美国一位社会学家做过一项婚姻状况调查，专门针对那些刚刚拥有孩子的家庭。他意外地发现，大部分孩子出生后都会导致婚姻生活的质量下降，83%的生育头胎没多久的夫妻正在经历中度甚至重度的婚姻危机。

所以，正确地看待孩子，合理的家庭分工，才能真正让孩子成为上天赐给自己的礼物，成为连接婚姻的纽带。

最后一个“第三者”就是外遇，这是一个可能会让每个人都“谈虎色变”的死敌。结婚后，随着新鲜感的消退，原来卿卿我我的甜蜜变成了粗茶淡饭的平常。忙碌的工作和应酬让本就进入疲惫期的夫妻缺乏沟通，久而久之双方没有了共同语言，这时就是外遇入侵的最佳时机。就像张爱玲说过的那句话:“娶了红玫瑰，久而久之，红的变成了墙上的一抹蚊子血，白的还是‘床前明月光’；娶了白玫瑰，白的便是衣服上沾的一粒饭黏子，红的却是胸口上的一颗朱砂痣。”

造成婚外情的因素很多，浮躁社会的诱惑，家庭感情的不和，爱情的消失殆尽。但纵然有一千个让你选择外面的温柔乡的理由，也不代表这样做就是正确的。婚姻最重要的前提是责任，是对彼此的承诺，对家庭的担当。如果遇到任何问题都选择逃避，遇到任何新鲜和刺激都无法抗拒，你又如何保证下一段婚姻就能长久而甜蜜呢？学会对自己的承诺负责，是成年人应该学会的第一课。

当婚姻出现了“第三者”，先不要义愤填膺地责怪对方，不妨先看看自己存在什么问题。所有的事情都有因果，如果没有深刻的自省，而一味地将矛头对准对方，用眼前的“错误”不停地惩罚对方，也许对方会浪子回头，但造成“第三者”出现的因没有根除。看似已经修复的关系，实际上隐藏着他的愧疚和抱怨，还有你的愤怒和怀疑，这样的关系就像活火山，随时可能喷发。

想一想，从什么时候开始，你们的心远了，给“第三者”留出了缝隙。

深挖自己，也剖析对方。所有的危机，都存在机遇。这个机遇可能会是一个全新的开始，关键在处理情感危机时的你，是否足够淡定、深沉。试想，面对这样的“委屈”，如果你还能从容大度地从自身找问题，哪个“新人”能有你这般的气度，哪个爱人能拒绝这样的女人？

Chapter 2

第二章

# 他受够了，有多少次想离开

不翻“旧账”，学会和过去告别，和过去言和。挥别过去，未来才会来临。

# 妻子为什么总爱“翻旧账”？

爱要好好爱，话要好好说。
伤人的话，会消磨爱情；
狠话，会让婚姻支离破碎。

“你怎么总是提这些陈芝麻烂谷子的事情呢？”这是男人经常对女人说的一句话，往往一件小事就能勾起女人曾经的诸多回忆。女人们也不得不承认这个事实，相比男人而言，女人更喜欢“翻旧账”。

那么，为什么女人总是爱“翻旧账”呢？其实这是有心理学根源的。女人一般都有很深的怀旧心理，她们常常会将那些过往的旧事拿出来晒晒，也就是“翻旧账”。一般来说，男人情感粗放，而女人情感内敛、细腻，因此男人和女人在事情的处理方式上有很大的差别。男人对事情不满意，往往会直接将这种情绪发泄出来，但发泄过后就会雨过天晴；而女人则会把某件刺激到自己的事情深埋在心底，久久不忘。这种深藏在心底的情绪会越积越多，直到某天的某件事触发了她们的情感，她们就会将以前的怨恨一股脑地发泄出来。

爱要好好爱，话要好好说。伤人的话会日复一日磨光我们的爱情；吵架时忍不住放出的狠话，会让婚姻支离破碎。

一个女人在50岁时和离婚17年的丈夫复婚了，但在复婚之后，她总是跟丈夫“翻旧账”，每次都又吵又闹，还觉得自己十分委屈。这个女人觉得自己这辈子就是因为丈夫才过得非常凄苦，年轻时她需要自己一个人没日没夜地带着两个孩子。有一天因为太累了，她在骑自行车时摔倒在路边，很久都爬不起来。每每当她想到这些往事，就会忍不住跟自己的丈夫“翻旧账”，做出种种的让人匪夷所思的事情。她的丈夫也是苦不堪言。

“翻旧账”本质上是女人向男人寻求更多的关爱。女人通过“翻旧账”来发泄自己的情绪，希望男人能够了解自己在过去的事件中所感受到的失望和委屈，从而给自己更多的关心和爱。其实，聪明的男人只需要一个拥抱就可以解决这个看似火药味十足、牢骚满腹的女人。可问题是，很多男人读不懂这种“翻旧账”背后的含义，于是真刀真枪、一板一眼地与女人“对账”，结果“战争”升级，“离婚、分手、去死吧”这些狠话像翻腾的豆子一般从两个人的嘴里蹦出。吵到最后，硝烟弥漫，可是连争吵的原因都不记得了。

所以，遇到这种情况，男人首先应自我检讨，是不是最近这段时间对女人的关爱和陪伴少了。这时放下一切，尽最大努力哄哄她。其实，女人是很好哄的，即便她已身为人母，她的内心仍然是长不大的孩子，仍然需要男人的宠爱，你的温柔是她对你还爱着她的重要确认。

而女人也要注意，你一定要清楚你要的是什么。你要的是他的宠爱还是他的离开？知道了这一点，你就能掌握“翻旧账”的方式和度了。记住，千万不要在“旧账”里纠缠不休，更不要成为喋喋不休的怨妇和悍妇，女人的温柔和适当的“委屈”才是你的武器。

电影《一句顶一万句》中有句台词这样说：“恋爱时，他们有说不完的话；结婚后，他们有吵不完的架。”其实吵架是家庭的常态，绝大多数的家庭每隔一段时间就要上演一番。但小吵怡情，大吵伤身，特别是那种力争对错、拼命“翻旧账”的吵架，更会消磨夫妻间的情感。

在电视剧《安家》中有这样一幕：妻子宫蓓蓓想要新买一个二居室的学区房，但并不想带上公婆，这一决定引起了老公的强烈反对。两人各执己见，吵着吵着就开始“翻旧账”。宫蓓蓓说老公对家的贡献还不如快递员、外卖员，老公说宫蓓蓓不和他父母住就是忘恩负义。越吵越难听，两个人的婚姻也几近破裂。真正伤人的不是拳头，而是舌头，时刻提醒自己，温柔相待，少“翻旧账”，你们的“账”也会越来越少。

那么要怎么做才能让自己不去自寻烦恼，不去不停地“翻旧账”呢？

一定要学会克制自己，努力使自己的情绪保持稳定。你要想清楚你去“翻旧账”的后果，无非三点：要么，对方退让，重复听你说、安慰你；要么，对方摔门而出，陷入冷战；要么，爆发战争，分手告终。

如果这三个结果都不是你想要的，那么你就要通过学习让自己成长。你要知道，你改变不了别人的想法和行为，但是可以改变自己。就算过去的事情给你带来了再多的痛苦和伤痕，也都是过去式了，别人可能早忘得一干二净。所以，你要学会和过去告别，和过去言和。当挥别的一刻，过去的一切像一缕青烟，飞向天空。

小时候我们用几个月学会说话，长大了要用一生去学会闭嘴。心放下了，才是对自己最大的善待。聪明的女人要学会遗忘，过去的事就让它过去吧！永远抓着过去，未来就不会来临。

# 别把“离婚”常挂在嘴边

婚姻是一种互相依存合作的关系，
并非一直坚不可摧，
需要用爱来维护，用真心来灌溉。

夫妻之间有矛盾是一件很正常的事，但很多时候明明是件不起眼的小事，总有人通过争吵将其无限放大。争吵时，不论哪一种做法都会对彼此的感情造成伤害。但比起这些，真正伤害感情的就是“离婚”两个字。

小马和妻子结婚不到一年就离婚了，朋友们都不理解曾经那么如胶似漆的两个人怎么会突然分开。后来小马和朋友在一起喝酒后才吐露真言，小马说因为自己太累了。每次两个人吵架，妻子都会提出离婚，刚开始

小马觉得自己很爱妻子，舍不得分开，所以每次都放低身段向妻子示弱，挽留妻子。可是时间久了、次数多了，小马实在觉得力不从心，所以争吵爆发，妻子提出离婚，自己便答应了。

常把离婚挂在嘴边算是一种威胁，也算是一种想要通过离婚的方式来试探对方对待自己的态度，但这种方式往往是最伤感情的。经常提“离婚”这个词就是在不断给对方强化一个信息——我们的关系很容易破裂。一句简单的“我们离婚吧”不仅会挫伤对方的自尊心，也会消磨对方对婚姻的信心与信念。也许，对方并非一开始就很在意这个事情，可是长此以往，难免会引起伴侣内心的焦虑、怀疑，这种情况下离婚就真的容易发生了。

“离婚”两个字对于婚姻的经营有着至关重要的影响，那为何偏偏有人喜欢把“离婚”挂在嘴边呢？到底是出于什么心理才会用离婚相威胁呢？

那些一吵架就把“离婚”挂在嘴上的夫妻，大多数是笃定认为对方不会离开自己，笃定认为对方会选择留下，所以才会肆无忌惮地用这句话“威胁”对方。但是，每一次提“离婚”的那个人，传达给对方的是“我不爱你了，所以我想离婚了”的思想。不要以爱的名义，去伤害你爱的人。余生很短，爱一个人的时候别用错了方式。即便吵架，也需要控制自己的言语。往往说者无心，听者有心，别用自己最恶毒的言语，摧毁美丽的爱情。

将“离婚威胁”作为维系感情的手段，其实是缺乏安全感的一种表现。如果是真的想离婚的人，不会总是把离婚挂在嘴边，直接去办手续即可。只有特别缺乏安全感的人才需要将一切都纳入自己的掌控之中，他们通过“离婚威胁”，来确认伴侣“怎样都不会离开我”，从而确定这段关系是“安全的”。“离婚”这个词，就像是彼此身上的软肋，每当戳中这个要害，总能遏制对方的怒气，总能快速地停止争吵。但不管怎么说，夫妻之间一定不要把离婚两个字常常挂在嘴边，因为这样的行为，只会换来对方的寒心。不管你是什么目的、什么想法，就算真的有效果那也是短暂的，长期的“离婚威胁”一定是弊大于利。

想在话语中占上风，也是消耗男方对女方的爱意。久而久之，必然让男性对婚姻和家庭再无留恋。所以女孩子们，男人不是傻，不是不知道你或许在撒气，或许在等他的拥抱。但是爱并不是无缘无故地涌现出来的，它源自你的温柔美好、善解人意，也会因你的任性磨损而无力支撑。信任毁于试探，爱情死于任性。男女思维常常是有差异的，特别是在亲密关系中，发生冲突时，女性第一时间感受到的是不被重视不被爱，自己即将被对方抛弃。为了停止战斗、避免失败才用离婚来吓唬对方，通过这种方式来获取关注，希望伴侣能够在意她、关心她、挽留她。

离婚威胁，归根到底是不想离婚，却不懂得如何改善感情。明明不想离婚，却动不动把离婚挂在嘴边，以此引起对方的注意或让对方害怕。短时间内这或许是有用的，但也有可能会适得其反。人心是脆弱的，需要细心地呵护，在冲动时务必要提醒自己：说出去的话，泼出去的水。

你的每一句话，有可能像春风拂面般温暖对方的心，也有可能像一把刀刺在对方的心里。你究竟想要什么样的结果，确定自己想要的是什么，再想想自己的行为是不是为了这个结果。成年人需要对自己的每一句话负责。

离婚，不是随便说说闹着玩的，对待婚姻，每个人都应有一颗敬畏之心。

小的时候，我们是不是最怕家长说“你要是不听话，我就不要你了”这句话？人都是怕被遗弃的，长大后也一样。婚姻是一种互相依存合作的关系，并非一直坚不可摧，需要用爱来维护，用真心来灌溉。不管出现什么问题，除非你真的决定离婚了，否则不要随口用离婚来伤害对方，吓唬对方。记住，力都是有反作用力的，你的一切言行，最终都会回馈给自己。

## 不要用比较<br>来满足你的虚荣心

幸福的婚姻在自己的心里，
而不是在别人的眼中，
它无法比较，也无须比较。

亲密关系最经不起的是考验，最怕的是“攀比”。所以，我们不能时不时心血来潮地去考验自己的伴侣，甚至是经常用别人的伴侣来跟自己的伴侣作对比。

姐妹聚会的时候，免不了要聊老公聊孩子。别人家的老公月入十几万，而自家的老公表现平平，心里有些不平衡也是人之常情。但是如果你把这种情绪带回家中，并且借此来数落自家的老公，却是下下策。

没有人愿意被拿来作比较，再加上男性的自尊心会让他觉得非常没有面子。你的一个比较，就把他多年来为这个家付出的所有努力都抹去了。他为这个家付出的一切，还不及你朋友的一句炫耀。

子墨今年30岁，是一名公司文员，丈夫也是一个单位的技术员，两个孩子乖巧懂事，子墨自己也一直觉得自己的生活美满幸福。

可是，这一切都在一次同学聚会上被打破了。子墨的一位同学在聚会上出尽了风头，这位同学的丈夫事业有成，公司即将上市，一家人还准备搬到香港地区居住，并且一个人承包了这次同学聚会的所有开销。

看着这富丽堂皇的餐厅和满桌子的山珍海味，子墨却吃得无滋无味。回到家，子墨一连几天对丈夫都是冷冷淡淡，终于在一次吃过晚饭后，她看到丈夫和往常一样打开电脑玩游戏，彻底爆发了。

子墨怒气冲冲地走到丈夫眼前把电脑关掉，气势汹汹地说："你怎么就整天想着玩游戏呢？你看我同学的丈夫，人家自己创业事业有成，你看你自己，你哪样比得上人家！"丈夫听到妻子的话，自然也没好气儿地答道："世界上这么多人，有穷困有富裕，有老板也有打工的，你总是和别人攀比，又如何羡慕得完呢！何况我对你还不够关心体贴吗？对这家还不够好吗？"

子墨一听更来气了，两人互不相让，相互揭短，最后丈夫穿上外套，摔门而出。

在子墨看来，她是为了丈夫好。但是我们换个情景想想，小时候，我们的父母也会拿别人家的孩子跟我们作比较，我们当时是什么心情？肯定会愤怒、委屈、不满。同样，在婚姻里面，如果你经常拿别人家的丈夫与自家丈夫作对比，他心里也一定是不好受的。试想一下，如果你的丈夫每天在你耳边说别人家的妻子多么多么好，你也会生气吧。伴侣之间的比较，哪怕只是一句轻描淡写的对比，对他都是莫大的侮辱，这样的比较带有轻视，是婚姻中最易爆炸的地雷。

如果子墨觉得丈夫事业方面需要更多努力，她最好的办法是跟丈夫好好沟通，一起规划，然后再思考如何解决。其实子墨的丈夫性格温和，心思细腻，做得一手好菜，对子墨也十分体贴，也是不少人艳羡的对象。可是就是因为觉得别人的丈夫更优秀，子墨就把他所有的优点都忽视了。

瑶瑶最近很苦恼。她的孩子开始上学了，她因此走进了一个妈妈群，这些妈妈有的开宾利，有的买房就像买菜，每天争鲜斗艳地换着不同大牌，从耳环到包包，哪个都得是当季新品。

瑶瑶的丈夫是个工薪阶层，朝九晚五，她自己辛辛苦苦挣钱也不容易。她本来是个朴素的女孩，从不迷恋所谓的豪华生活，可是长期处在这样的圈子中，她觉得每天出门也累，回家看到自己丈夫还是坐在那打游戏也累。

百分百幸福美满的家庭是不存在的。现实生活中，每个家庭都会有这样那样的问题。有些家庭经济不好，有些家庭老人生病负担大等，其实大家都不是完美的，最重要的是，我们想要的是什么。

一个健康的身体、一份相濡以沫的爱情和一个相亲相爱的家庭不就足够了吗？“欲”字右边是个欠，本身就是永无止境的，欲望是将人陷入无边苦海的根源，只有理智地看清这点，才拥有经营好生活的根本。

幸福的婚姻在自己的心里，而不是在别人的眼中，所以它无法比较，也无须比较。“比”字左右两把刀，一把刺向别人，一把刺向自己。人的一生，要遇到无数阻碍和对手，看似我们是在与境遇较量，其实我们需要战胜的，永远都是我们自己！

## 男人要“放养”，而非“圈养”

信任是维系婚姻的红线。
好的婚姻不是“控”出来的，
而是“爱”出来的。

男人到底要不要管，这是很多人一直搞不明白的事。管得太紧，男人反而越逃越远，总能从缝隙里逃走；管得太松，甚至不管不问，最后你们竟然成了最熟悉的陌生人。

很多女人，在感情中都释放了“过度的情感需求”，要么是过度牺牲，要么是过度索取。尤其是进入婚姻后，女人会把婚姻当作一个保险箱，一旦进去了就会自动上锁。

于是，男人就愈发觉得，婚姻就像是束缚自我的牢笼，待久了就忍不住想要出去透透气。

朋友芳芳最近来找我哭诉，说自己的丈夫帅气，工作能力也很强，一直以来，他们都很恩爱，是朋友眼中的神仙眷侣，可不到两年丈夫就出轨了。

后来她丈夫心中感慨地对我说："妻子的爱重如泰山，快把我压死了。"原来自结婚以来，妻子便打着爱的名义，对他实行"圈养策略"：出入报备，回来晚于十点就开始给他所有朋友打电话，外出没接电话，便要一直打，丈夫的司机、秘书更是都成了妻子的眼线。时间短还尚可，日子一长，这样的生活对他来说，简直是煎熬。面对这份快要窒息的爱，他只好选择逃离。

"圈养"的前提是丈夫愿意让妻子管，如果他不愿意，立刻就会脱缰而去。用强制性的方法来经营婚姻，虽然出发点是好的，但方式是错的，最后也会伤害两个人的感情。人人都爱自由，讨厌被控制。你越是想控制他，他偏偏不让你如愿；你给他自由，他反而会感激你。收放有度，才是聪明的女人。你放养着男人，这个时候，他的内心会有强烈的心理暗示："妻子很信任我，也相信我不会变坏，大家都说我是个好男人，我必须做个好男人！"

这种潜意识的想法慢慢就会转化为一种责任感，所以爱一个人要学会适可而止。就像一把沙子，你越是握得紧，沙子漏得越快。反倒是你不松不紧，一点也不漏。平衡自己的情感需求，并且始终保留自己的神秘感，做个在感情中收放自如的人。

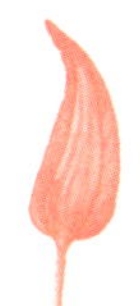

我有个闺蜜，她的老公又帅气又稳重而且还有事业心，生意做得很不错。

这样的男人非常能吸引女性，不过闺蜜从和他结婚的那一天开始，心里就做好了准备，绝不过分干涉他的私人空间。我们经常开玩笑地说："你老公这么优秀，可要看严了呀！"但闺蜜每次都只是笑笑说："我不怕被抛弃，越怕被抛弃的人反而越容易被抛弃。"

所以，闺蜜一直愿意给老公一些自由，只不过，给老公自由并不代表着完全放手，她喜欢把用来管老公的精力用来提高自己。她喜欢读书，不断提高素养和沟通能力；老公做成了生意，她不是缠着买东西，而是给予最真诚的赞美；老公遇上了烦心事，她也不会指责老公把坏心情带回家里，而是认真倾听甚至帮助出谋划策，提供意见；老公的收入虽然足以养活她，但她还是自己在街边经营着一家奶茶小店；最重要的是，很多女性都是在外面光鲜亮丽，回到家以后就穿棉拖、睡衣，一幅邋遢随意的样子，但我闺蜜哪怕在家里，也是清新得体，甚至吃完晚饭后还要化点淡妆，尽量给老公一个形象良好的自己……

偶尔，她老公在家里时也会接到女性打来的电话；偶尔，她老公也会回家很晚。这些事情在一般女人看来可能无法容忍，但闺蜜从不打破砂锅问到底。“靠管是管不住的，如果他真有事情发生，越是打骂发脾气就越会把他往外推，既然这样，我还不如给他一些信任和空间，这样他反而会更加爱我。”闺蜜经常这样说。

也正因为这样，结婚十多年了，虽然他们的个人事业相差很大，但生活中却不分你我，一直很幸福。

夫妻关系的经营确实是个考验人智商和情商的事，对丈夫既不能完全撒手不管，也不能绑太死，松紧结合才是最理想的状态。当然，这需要婚前进行沟通，确认双方接受这样的方式，比如我们跟丈夫定下这些规矩：

• 每天回家吃饭，要加班或有应酬，不能回家吃饭要提前通知；

• 所有的应酬事先打招呼，告知去哪儿、和谁去，不单独和异性在封闭的空间下约会；

• 如果应酬较晚，到十点打一个电话，尽量不超过十二点，超过的话要电话告知；

• 和朋友出去玩，带上妻子；

• 回家后手机没有特殊情况不允许静音。

……

这些看起来很简单，也没有任何攻击性，但实际上已经把丈夫每天的行程和相处的人都一网打尽。丈夫的生活仍然很自由，而妻子对丈夫的动态也清楚。最明智的方式，就是这种润物细无声般的渗透，“我时时不在却无处不在”。

世间夫妻，有些活成了亲人，有些活成了仇人，有些活成了情人，而有些活成了陌生人。在管男人这事上，我们需要一点“小心机”，除了像“监狱长”一样的管理之外，还可以有些许软糯的“甜”来黏合婚姻。比如和丈夫一起学一样新东西，或者加入丈夫的兴趣领域，这样你们就可以一起探讨新学的技能，只有用积极的方法主动改变夫妻间的定式，才能更好地“黏”住彼此。

两性关系中最重要的一个需求就是“被信任”，不管是对男人还是对女人，信任是维系婚姻的重要红线。好的婚姻不是“控”出来的，而是“爱”出来的。“控”字手中为空，仔细地想一想，不觉很有道理吗？越是抓在手里，越是空的，反之，看似空的，什么都没有做，实际都在你的控制中。

# 认真，但不要较真

"装聋作哑"是一种哲学，
它教我们对爱人宽容、柔软，
不要让小计较破坏了大团结。

在所有分道扬镳的爱情里，我见过最可惜的是因为较真而分开的。

有句话叫：认真你就输了。其实这并不是说在恋爱这件事的态度上，太认真就会输，而是在日常的交流上太认真容易输。人家只想和你谈一场浪漫的恋爱，结果你拿出写科研论文的态度，一个标点符号都要追究，那就显得无趣了。

在爱情刚开始的时候，很多女生都会觉得有说不完的话，聊通宵都行，时间久了，聊晚了对方可能就撑不住睡了，女生们就会拿刚开始的态度做对比——你看，你就是不爱我了，以前你经常陪我聊通宵的，现在十一点你就要睡了。

西西最近交往了个男朋友。刚开始时，男朋友每天都开车接送她上下班，早上为她买早点，周五送花，每天早安晚安短信准时送到。西西一下子被他的追求攻势打晕，很快开始热恋。可交往一段时间后，她发现男友不再每天接送她了，也不定时发短信了，更别提鲜花和大餐了，她为此觉得男友是不是变心了。

其实，男友不是变心了，只不过一轮猛攻过去后，生活进入了该有的常态，那就是自然。家是最该让人放松的地方，而不是绷紧一根弦，天天想着怎么讨好对方，怎么迎合对方，这样的感情，谁都无法坚持一辈子。

如果非要把这样的变化上纲上线，不依不饶，那就真的是和自己过不去了，更别说未来的日子还长呢，如何去面对婚姻中更不容易的琐碎呢？

女人细腻敏感，渴望被疼爱，是很容易较真的。

然而，当你迈入一个新的阶段，在亲密关系相处中，切记不要太较真。因为婚姻并不是十全十美的，妻子如果太较真，会导致丈夫压力变大，而妻子自己的心情也会变很差。

并不是说爱情过了保鲜期，只是时间久了，你们已经基本了解了，话题就会变少，如果双方还绞尽脑汁去想话题，很快就会觉得这样的爱情很累，等不到其他矛盾来破坏，你自己就不想继续了。爱需要喘气的缝隙，谁在感情上过于较真谁就会输，输掉他对你内心的亲密感。

在交流中，没有太强目的性的语言，更容易让人亲近。爱情的本质并不是你挖空心思制造话题，而是哪怕在一个空间里，你追你的剧，他玩他的游戏，也不怀疑他的爱，才是爱情。

有个朋友向我吐槽和老公因为意见不合吵架，他们既不是为了明天吃什么，也不是为了孩子教育争吵。仅仅是因为双方对“公众人物是否应该多传播正能量”的话题有不同见解，就开始了激烈的争论，到最后甚至恶言相向。

曾经听到过这样一句有趣的话，“美满的婚姻是盲人与聋人之间的一种结合”。这就是说，我们在一段婚姻中，要懂得装糊涂，有的时候，看见了也当没看见，有的时候，听见了也当没听见，这样的我们，才能和幸福团聚，过分斤斤计较，会活得很累。

除了我的朋友，因为对方说了自己的朋友或家人一句不好就翻脸的夫妻大有人在，一旦对方有攻击自己朋友或者家人的言语，就会马上进入战斗状态，认为不尊重自己的朋友或家人就是不尊重自己。维护自己的家人朋友，其实可以理解，但是不能用等价思维去思考问题，认为不尊重你的家人朋友就是不尊重你，这样不但维护不了他们，还会把对方推到对立面。

正确的做法是询问他，为什么觉得你的朋友或家人不好，听听他怎么说。还要告诉他：“你这样说我的朋友或家人让我很难受，他们都是我最爱的人，他们这么做也是为了我，希望你理解一下。如果你能像爱我一样，爱我的家人，我会特别开心。”在亲密关系中，他对你的亲近之人的态度，其实都是由你的态度决定的。

“家是这个世界上唯一隐藏人类缺点和失败的地方，它也隐藏着甜蜜的爱情。”在婚姻生活中，如果把对方的缺点拿出来放大渲染，会让对方感到爱情似乎消失了，从而想要放弃这段婚姻。睁一只眼闭一只眼，让两个人的关系变得简单一些，反而会让生活越来越美好。

婚姻是一波三折、千变万化的，要想长久地生活在一起，就要尊重对方，体谅对方，习惯对方的缺点和小脾气。唯有如此，你的另一半才会愿意在你面前说出真心话，你们的感情才会达到真正的亲密。结婚后“装聋作哑”也是一种哲学，它教我们对爱人要宽容，要柔软，不要让小计较破坏了大团结。把心放宽一点，路也就宽了。

# 别让自己活成了自己最讨厌的样子

选择一个正确的人共度一生，
是我们自己能对自己做的最负责任的事。

世界上最可怕的事情，不是一个人孤独终老，而是和那个使自己孤独的人一起终老。这场孤独的路程正在一点点毁掉我们对生活的激情、对未来的期待，以及积极美好的人生信念，直到变得面目全非，眼神空洞。

什么才是最不幸的？没有生活，只是活着。

巴菲特曾说："生命中最重要的投资，就是找对和你结婚的人。"尼采也说过："与恶龙缠斗过久，自身亦成为恶龙。"

一段糟糕的婚姻，可以轻易毁掉一个人。

如果你问我嫁错人和一辈子不结婚，哪个更可怕，我认为嫁错人最可怕。一辈子不结婚，也只是选择了另一种生活的方式，但生活的体验还在，热情还在，而嫁错人，那是把自己的一生都给搭进去了。

一个朋友跟我讲："才结婚四年，我就从那个可爱姑娘，变成了一个自己都讨厌的人！现在的我，就像是一个神经病，不能控制自己，每天都活在怀疑、猜忌、焦虑、恐慌和沮丧的负面情绪中。"因为丈夫对婚姻的不忠，导致她在这段婚姻中根本找不到安全感和归属感。第一次发现丈夫和别的女人暧昧，是在她怀孕五个月的时候，打那以后，除非被抓到，丈夫才会老实一段时间。虽然丈夫极力保证以后不会再犯，可朋友心里很清楚，她对丈夫的信任少得可怜。

闲下来的时候，朋友总会想起丈夫和他的出轨对象的聊天记录，那令人恶心的一字一句在脑海中闪现，讥讽的话就不受控制地从嘴里说出。这给两个人的生活带来了很大的负担，关系也越来越糟糕。最主要的是，朋友讨厌现在的自己，她不想变成现在的样子，但是又控制不住自己，如果身边有人对自己好，她就会不由自主地去怀疑人家的动机，变得负面且偏执。

为什么一个人在一段情感关系中，会变得越来越讨厌自己呢？

首先，是因为没有勇气做真实的自己。在亲密关系中习惯委曲求全，习惯逆来顺受，表面上虽然维系了这段关系，但代价就是失去了自我，牺牲了自己的感受，而这样的状况，一定是不快乐的。

其次，是因为自己没有能力去改变这一切。通常而言，婚姻进入不幸福甚至痛苦的状态以后，解决思路只有两个方向，要么改造别人，要么改造自己。而每个人处于这种状态之下的时候，都会有意识无意识地朝这两个方向去努力。但是，最终的结果可能是，既无力改变别人，也无法改变自己，那么，最后就当然只剩下失望了。这种失望是彻底的，对感情和婚姻失望，对对方失望，其实对自己也失望。

感情和婚姻当然是一种责任，但是确切而言，只是一个有限责任，因为感情和婚姻是两个人的事务，不是一个人的独舞。那么，在一段关系中，如果自己越来越讨厌自己，就要引起重视，分析自己为什么会变成这样，问题究竟出在哪里，又该如何去解决这个问题，让自己重新爱上自己呢?

这时有三个角度都是需要审视的，一是婚姻和感情本身，二是对方，三是自己，分析是属于哪个部分的问题，然后有针对性地解决。一段感情或婚姻，到底好不好，其实不难判断，就看自己在这段关系中，是喜欢自己，还是讨厌自己。

在好的亲密关系中，你会感受到被爱，对方积极正面的价值观会引领你，健康有序的生活会滋养你，宽厚的肩膀给你足够的安全感，这样的你，会越来越温柔，越来越有爱，愿意付出，懂得珍惜，你的视角会越来越宽广，你会成为越来越好的自己。

而一段糟糕的婚姻或关系会带给人严重的挫败感。你们的价值观不一样，生活方式不一样，更糟糕的是你们还无法找到平衡点，无法互相包容，因此怨怼、指责成了家常便饭，生活早已没有了花前月下，都是鸡飞狗跳。这时的你，暴躁易怒，没有了往日的温柔，也没有了善解人意，成了自己讨厌的那个人。

这几年“小确幸”一词悄然兴起。是的，生活中不可能每天都有敲锣打鼓、欢天喜地的大事，也不可能天天香槟美酒，华服盛宴，但小小的幸福感是可以经营的，比如，我特别爱吃巧克力冰淇淋，那一日你突然拿出来一盒给我，伴我度过追剧时光，那一刻，就是我怦然心动的“小确幸”。“小确幸”靠的是心意，虽然很小，但足以点亮平淡无味的一天。

有人说，人一生有三次改变命运的机会，第一是出身，第二是事业，第三是婚姻。可见婚姻对一个人的命运有多么至关重要的影响。所以，选择一个正确的人共度一生，是我们自己能对自己做的最负责任的事。

Chapter 3

# 第三章

# 她究竟要什么，你知道吗？

幸福的婚姻，是两个人用真诚经营出来的。如果没有了真诚，没有了对爱的尊重，两个人就会渐行渐远，最后分道扬镳。

懂爱：高情商经营婚姻 ○●○

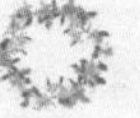

# 谎言，是婚姻的杀手

感情十分脆弱，只能靠着信任来维系，谎言对于婚姻来说，如同泼出去的水，泼出去容易，想要收回来就难了。

我在知乎上看到过这样一个提问：你会欺骗自己的另一半吗？

有人说：如果是善意的谎言，可能会说吧。

有人说：相对于欺骗，我觉得被拆穿这件事更可怕。

也有人说：过来人忠心告诫各位，不要搞些有的没的，老夫老妻了有什么不能说的。

电视剧《我是余欢水》里的主角余欢水就是一个喜欢撒谎的人，他不仅对老婆撒谎，也对领导和其他人撒谎。早上忘记给儿子买牛奶，对老婆撒谎说超市卖光了；因为买牛奶上班迟到了，对老板撒谎说路上被人撞了，自己又热心帮助老大爷；

去岳父岳母家迟到，撒谎说公司搞联谊会，殊不知老婆早就给自己的公司打过电话了；为了在岳父一家面前撑面子，撒谎说带来的红酒两千块一瓶，结果被当场拆穿。

不管是生活小事也好，还是工作单位的事情，抑或是跟家里人相处，他对每个人的谎话都是张口就来。而妻子甘虹的情绪也在他的某一次撒谎后彻底爆发，她说："你不撒谎会死吗？你不撒谎倒不上来气吗？你这样骗我有意义吗？"在离婚后，余欢水解释了自己一直撒谎的原因，他说："我这些年一直在跟你撒谎，我也知道男人这样很讨厌。我是因为想在你心里边，把形象搞得稍微正面一点。"

仅仅是为了让自己在妻子心里的形象好一点，所以谎话一句接着一句，这是典型的死要面子活受罪。余欢水只想到了希望自己的形象可以好一点，他却没想到，一直处于谎言中的婚姻，真的会很累。撒谎这件事，是婚姻中最大的忌讳。

说谎会占用我们大量的精神空间，让我们一直都处于忐忑不安的状态，直到谎言被识破，内心才得以平静。但是说谎的目的就是不被识破，所以说谎之人必定长期处于高压之下，心绪必定难平。

小美想要弄清楚自己在上段感情中的问题，因此约了前男友在咖啡厅见面。但是害怕未婚夫吃醋，所以没有向他坦白。回家后未婚夫问她："你是不是和哪个男生去咖啡厅了？"她说："没有啊，我怎么可能和其他男

生去咖啡厅。”说这句话的时候，小美的内心既内疚又害怕，生怕未婚夫知道了会生气。吃饭的时候未婚夫说没胃口，小美觉得未婚夫已经知道了，但是不敢问，只能憋在心里。睡觉的时候未婚夫没有抱着自己，小美心跳加速，仿佛这就是分手的前兆。说谎之后，未婚夫的态度稍微冷淡一点，小美的内心就会翻起波浪。过了一段时间后，未婚夫选择了分手，原因是没有了信任。他说：“我相信你没有背叛我，所以一直在等你主动说明，可这么长时间过去了，我们的信任已经被你耗光了。”

感情是一件很脆弱的东西，只能靠着信任来维系。谎言对于婚姻来说，如同泼出去的水，泼出去容易，想要再收回来就难了。一旦出现过欺骗和背叛，即使最后原谅了，也是如鲠在喉，从此，夫妻俩在相处时就会刻意小心谨慎，再也回不到之前那种彼此信任、无话不说的亲密状态了。婚姻中，如果对爱人说谎，就是对婚姻和爱人的不尊重和背叛，一次性透支了两个人的未来。

谎言真的可以息事宁人、避免争吵、润滑婚姻吗？答案是否定的。因为持续不断地撒谎，即使全是善意，也同样会损害夫妻关系，甚至瓦解婚姻。善意的谎言虽然主观恶意程度不高，但它对信任的破坏和恶意谎言一样，没有本质区别。谎言有时会像多米诺骨牌，说得太多容易让人陷入不能自拔的恶性循环，说了第一个，就要有第二个、第三个、第无数个来维系，说谎者会越来越急躁，被揭穿的可能性也越来越大。

婚姻是什么？是我们思量许久，终于决定要跟对方相伴一生；是无论健康或疾病、富贵或贫穷，都说好要永远在一起；是从此不再分彼此，荣辱与共地一起走下去；是我心甘情愿地接受你的一切，希望你也能拥抱我的所有。

幸福的婚姻，是两个人用真诚经营出来的。如果没有了真诚，没有了对爱的尊重，两个人就会渐行渐远，最后分道扬镳。

这个世界从来都不缺说谎者，也向来多的是受骗者。可就算世界再凉薄，人心再难测，我们也应该对生活认真，对婚姻负责。千万别爱上一个说谎的人，千万别做谎言里的受害者。

## 读懂妻子，从听懂她的抱怨开始

每个人都是需要得到认同的，
认同是自我价值的体现，当一个人
感觉不被“看见”时，抱怨就会滋生。

婚姻像是一座围城，城里的人想出去，城外的人想进来。没有走入婚姻的人，对婚姻充满幻想，对家庭充满期待；而走入婚姻的人，对恋爱期充满怀念，对婚姻充满抱怨。而夫妻矛盾往往也是从抱怨开始的，抱怨着，抱怨着，就从生活上升到了个人身上，那么危机也会随之而来。所以，好的婚姻，一定是从听懂抱怨开始。

很多婚后女人都有抱怨的习惯，小到地上一根烟头，大到孩子教育、择业择偶，好像生活每一天都会给她不愿意接受的“礼物”。

小超的妻子总是喜欢抱怨：早上叫孩子起床，抱怨孩子不听话，总要叫几遍才起床；小超送孩子上学，抱怨他没有检查孩子的书包，就算检查了也不够仔细；晚上下班回家，抱怨一天的工作身心俱疲，回家还要干家务；等到上床睡觉，抱怨明天又有多少事情要做，就没个消停……

小超一度觉得自己的妻子负能量爆棚，和她在一起天空都是灰色的，这样的情绪对孩子的影响也非常不好。就在小超对同事抱怨自己妻子的时候，同事提醒他说："没有女人生来就是'怨妇'，你是否找到妻子抱怨的原因了呢？"

很多的妻子都会抱怨，家务繁多，每天工作了一天，下班回来，等待她的不是老公的安抚，而是繁杂的家务，以及孩子的学习。面对一堆要洗的衣服、一个顽皮的孩子、一个玩着游戏等着吃晚饭的丈夫，这个时候，妻子所发的牢骚，所有的抱怨都是在向丈夫传达一种信号——我需要你的帮忙。所以，如果这个时候丈夫能放下手机，帮她洗个菜，管束一下熊孩子，那么抱怨就会随之消失，而变成其乐融融的三口之家。

抱怨家务，或许是你分担得还不够。小超一直觉得自己负责接送孩子，妻子承包买菜做饭洗衣打扫，至于孩子的作业，就轮流辅导，但总体来说还是妻子辅导得多一些。通常一个家庭里，谁操心得多一些，谁就受累多一些。很明显，小超和妻子在家务面前的分工，似乎只扮演了一个司机的角色。不要小看家中琐事，对于同样需要上班的妻子来说，给家人做一桌有营养的丰盛饭菜，所花费的心神不比写一份年终总结简单。而这样日复一日的付出，却被老公和孩子视为理所当然，长此以往，妻子难以在付出中体会到价值感，自然会有一些“怨言”。其实，多一些体贴的分担，多一些感谢的话语，就能够避免妻子的“抱怨”。

如果妻子抱怨婚姻乏味，抱怨生活没有激情，不管她抱怨什么，其实你需要做的就是给她爱的回应，让她知道她不是一个人。为她准备浪漫晚餐，制定只属于两个人的浪漫旅行，看一场爱情电影，一起去做恋爱时候做过的事，走过的路，吃过的小馆子，重温当时的美好。很多时候，并不是时光带走了爱意，而是爱从你的意识里消失，你把对方当作自己身体的一部分，你觉得大家都那么熟了，没有必要去做那些“做作”的事，浪费金钱和时间。可你不知道，当你觉得你们很熟的时候，当她开始抱怨婚姻而你又自动屏蔽掉这种抱怨的时候，其实危险正向你的婚姻靠近。

当她又开始抱怨而让你心烦意乱时，不妨想一想是什么让她变成了今天的样子：婚前她可以尽情打扮自己，婚后却开始知道省钱的意义；婚前你每年都给她准备几次小惊喜，婚后却连她的生日都需要被提醒；婚前你给她写信，信上满是甜言蜜语，婚后她找你多聊几句你都觉得她变得过于唠叨……

不是女人突然变了，是夫妻双方在婚姻中都有了改变，却没有足够重视，不懂得婚姻也是需要认真经营的。所以，提醒男人不要只知道指责自己的妻子喜欢抱怨，想想妻子为什么变得喜欢抱怨吧。

有一对夫妻，曾经妻子总是抱怨丈夫的不是，他非常反感，态度生硬，争吵不断。后来，妻子不再抱怨他了，他做错什么事妻子都不计较，有时候两人回家打个照面，妻子会礼貌地点点头，两个人比朋友还要客气，这种礼貌的疏离让他觉得很压抑。他说一年前妻子还会跟他争吵，那个时候他时常很烦，心里想你要是少管我一点就好了，可现在妻子对他不闻不问，他却一点也不开心。

所以，当一个女人还能跟你抱怨的时候，她就是爱你的，还会希望你改变，当她对你绝望的时候，她就默默地把你当一个陌生人。那时你才会发现，比抱怨更糟糕的是，视而不见。所以，爱妻子就要从听懂她的抱怨开始。

每个人都是需要得到认同的，认同是自我价值的体现，而一个人感觉不被对方“看见”的时候，抱怨就会滋生。这个时候，你不妨试一试，好好地哄哄她，充满爱意地对她说：“亲爱的，你辛苦了，没有你我真的不行，我怎么这么幸福娶到了你。”爱情是双方共同的付出，如果一方长久付出却得不到“回收”的话，再多的爱都会枯竭。想一想你多久没有说过这样的话了，难道她的抱怨有错吗？

# 别在她谈情感时去讲道理

家是爱和被爱的地方，而不是说理的法庭。
在婚姻中，适时“服软”，
彼此都学会“少说一句”，才是大智慧。

好的感情，都不讲道理，感情更需要理解和陪伴。看《幸福三重奏》时，有一期让我印象很深。张国立和妻子邓婕下棋，一连五局，张国立全胜。第六局开盘，眼看张国立又要赢，邓婕不淡定了，理直气壮地悔棋重来。面对邓婕的无理取闹，张国立一直嘻嘻哈哈，满眼宠溺。在电影《东邪西毒》里，有一句台词：“如果感情可以分胜负的话，我不知道她是否会赢，但是我很清楚，从一开始，我就输了。”

爱情中需要讲道理吗？我有个闺蜜她在结婚时，她的婆婆对她讲的唯一句话就是“家庭中永远没有对错，只有爱”。当时，她还不能领会这是什么意思，后来，她意识到，这句话是多么饱含深意啊。

之前有个学员跟我抱怨，他的女友太不讲理，俩人经常为芝麻大小的事争吵，明明是女友的错，每次却都是他先道歉，不然就是不够爱。和女友分手的那天，他觉得自己终于解放了，发誓以后要找一个懂事、讲道理的对象结婚。果然，后来的女友非常懂事，两人相敬如宾，相处一年来都没红过脸。一切如他所愿，本该非常幸福才对。可他却比以前更苦恼，他说："只讲道理的感情太可怕了。"

我约会迟到或不去，她无所谓；我给她故意买她不喜欢的礼物，她无所谓；我忘了纪念日，她也无所谓。她对什么都无所谓，对我就像对陌生人一样客气礼貌，她甚至会和我说："最近心情不好，需要一个人静一静，回你消息不是那么及时，抱歉。"

心理学上有一个论断：当人的关系亲密到一定阶段时，就会出现一定程度的"退行现象"，表现出"小孩"的一面，展现出最真实的样子，透露出最真实的需求，然后产生更加深刻的情感链接。

感情中最糟糕的是，一个人除了讲道理，其他什么都不会。因为他只认死理，你做对了，就认同你、夸你；你做错了，就否定你、批评你。和一个理性的人相处得久了，就能感受到对方身上有一种说不出冷漠。在他的世界里，事情的对错比自己重要，久而久之，连靠近都做不到，更别提爱了。

有一次我逛街，看到一对夫妻在挑选衣服。妻子拿着两件衣服征求丈夫的意见，丈夫仔细对比了衣服的价格、材质、做工后，跟妻子分析便宜的那件性价比高一些。可这些分析，在妻子眼里完全变了样，那就是：你说这么多，就是嫌这件贵，我就该穿便宜的！后来，妻子又把两件衣服试了下，确实，便宜的那件穿在身上更合适。这时丈夫更有道理了，说你看，我就说那件好吧，你这件穿着像企鹅，不好看。这些话，在妻子那里又变成了：不好看？我穿什么不好看？你就是不想买给我而已！

最后两人谈不妥，丈夫气得转身出了店门，妻子哭着打电话跟闺蜜倾诉：“不就是件衣服吗？难道我不知道便宜的那件性价比更高吗？难道我不知道哪件穿着合适吗？他说句你穿哪件都好看，你喜欢哪件就买哪件会怎样啊？那么多人看着，他说那些大道理让我面子何在？人家怎么看我？说我找了个小气的又不爱自己的老公？”

很多时候，男人认为女人胡搅蛮缠，是以为对方听不懂自己说的道理，于是更详细地列举一些道理来证明，以为这样就会压制住女人的气焰，殊不知，这根本就是热汤止沸。越是试图用论据论点来驳倒对方，越会让对方生气。

情理情理，情感必然要优先于道理。在家庭中，越是要在“理”上争个对错高低，在“情”上越是疏离。因为这世上所有的道理，都是你讲你的理，我讲我的理，家是爱和被爱的地方，而不是说理的法庭。

在爱情中，哪有那么多是非对错。太过计较，往往容易赢了道理，输了感情。爱情本身，就不是一件讲道理的事儿。男女之间的矛盾从来都不是靠讲道理去解决的，因为女人更在意的是男人的态度。爱情无非是你崇拜我，我宠爱你。适时“服软”，彼此都学会“少说一句”，才是大智慧。

## 她转身的背后，是你过度透支的承诺

不要轻易许下承诺，
好的感情，靠的不是一张嘴，
而是需要行动来证明。

张小娴说：“对于承诺，男人非常慷慨。因为男人知道，女人的爱情，离不开承诺。”承诺本身是一件很美好的事情，但是当爱情经过岁月的沉淀慢慢转化为“平平淡淡才是真时”，人们才会发现最好的爱情不过是“不要过度承诺，但要超值交付”。

不知道你有没有遇见过这样的人，经常对你许下承诺，说要为你摘星星摘月亮。可三年过去、五年过去，一件都没有兑现。判断一个人是否喜欢你，不要听他说什么，而要看他做了什么。说十次我想你，不如悄悄地来到你家门口，发个惊喜短信，“有快递，来拿一下”；说一百次周游世界，不如周末带你去个郊外，来顿农家饭；失望从来不是一瞬间产生的，是在每一次承诺了却又无法兑现的时候，一点一滴累积起来的。当泡沫一个个破掉，最后一个碎掉的就是那颗曾经充满期待的心。

我的一位朋友最近分手了，十分痛苦，但当他向我们分享了两个人的聊天记录后，我才明白女孩的突然离开，其实只不过是攒够了失望。

男生：我今天下班就过去接你，然后我们一起看电影。

女生：好呀，哈哈哈。

男生：啊，不好意思啊，我临时有点事去不了了。

女生：好吧，没事啦，哈哈哈。

类似的聊天记录还有很多，但无一例外都是男生对于答应了女生的很多事没有做到。很多男生可能看不出来，“好呀”和“好吧”的区别，觉得都是一个意思，自然也就不会很在意。但其实前者表现出的是马上能和你见面的满心期待，而后者则是希望落空的失望；第一个“哈哈哈”是喜悦，第二个“哈哈哈”是为了配合你无奈的苦笑。失望都是一点点累积的，你总是答应了一件事却没做到，或许她表面上不会表现得太明显，因为她很害怕你觉得她太小气、太计较，可在她内心深处的失望却是越来越大。

有人会说，我只是随口说的一句话，谁知道她会当真啊，难道我说我要摘月亮给你，就真的能摘下来吗？对，她会当真，爱你的女生真的会把你一句所谓的“玩笑话”当真。她当然知道你摘不了月亮，但你的这句“玩笑话”却会让她充满希望，会让她感到你很重视她。但如果你现实所做的与你所说的话严重不符，那所有的希望都会变成了失望。所以，希望你能说到做到，别轻易许下承诺，但既然承诺了，就一定要做到。

子彤是个美院刚毕业的大学生，天真烂漫，她苦恼地向我倾诉她和男朋友的相处。去年五月，她们一起看了一场电影，电影里云南的风景如画让她无限向往，男朋友信誓旦旦地说：“十一我带你去大理看海。”子彤高兴地跳起来，问：“真的吗？”他说：“当然了，我一定会带你去的。”

从那天起，子彤开始高兴地准备去大理的好看的裙子，偷偷做大理的旅游攻略，她把手里的工作提早完成，怕影响她的假期，她开心地向所有闺蜜说她十月去和心爱的他度假，她幻想着每一天和他散步的甜蜜、浪漫。

快到十一了，她问男朋友：“咱们什么时候去啊？”男朋友一愣，说：“去哪啊？”她说：“你不是说带我去大理吗？”男朋友一拍脑门，说：“哎呀，我早忘了，对不起，我

十一走不开。”子彤怔了半晌没有缓过来，她不明白，怎么他就这么轻易地忘记了？更不明白，他怎么还如此地理所当然？她很难过，她想不明白，不知道自己是不是要求太多了？是不是男人的话本来就不应该相信？

承诺是不分大小的，陪我看一场电影是承诺，陪我去旅行一趟是承诺；想娶我回家是承诺，与我共度余生同样是承诺。一个轻易许诺的人，无法想象，那个女孩在收到你的短信“亲爱的，晚上我们一起吃饭”时高兴的心情，她推掉一切事情，用两个小时把自己打扮得美美的，无比兴奋地幻想着晚餐时的浪漫情节，突然又收到一个短信“亲爱的，抱歉，会议还没结束，改天请你吃饭”时的沮丧心情。当这样的“抱歉”一次又一次发生时，那个女孩怎么会相信“亲爱的，嫁给我，我会照顾你一辈子”的誓言？

晓琳最近准备离婚，从她的倾诉中可以听出来，离婚的原因在于晓琳对于老公已经彻底失望了。晓琳的老公平时喜欢出去喝酒，为此两个人吵过好几次架，每次晓琳生气，她的老公都会承诺要少出去喝酒，即使是出去喝酒也不会喝醉，然而保证结束之后不到一个星期，就又喝醉回到家，这时的她还会照顾好喝多的老公。然而第二次他还是这样，只要是休息时间就会找不同的理由出去喝酒

吃饭，第三次、第四次，从最开始的担心他的身体到开始无休止的吵架，接下来就是慢慢的放弃。放弃之前晓琳郑重地问了老公一次，会不会改变，得到的是老公信誓旦旦的承诺，然而却没有任何行动。这个时候，晓琳决定放弃这段婚姻了。她变得不再问他和谁去喝酒、喝到几点、几点回家，到时间就给他打电话催他回家。她的老公十分后悔，可晓琳却再也不相信他了。

不管彼此有多么相爱，也不要随便许下一个做不到的承诺，这样她对你的爱会一点点地消散。信任的建立需要漫长的积累，而崩塌只需要那么一次。郑海潮说："如果一个人说喜欢你，请等到他对你百般照顾时再相信，如果他答应带你去的地方，等他订好机票再开心，感情不是说说而已，我们已经过了耳听爱情的年纪。"好的感情，靠的不是一张嘴，而是需要行动来证明。唯有在日复一日中，愿意为你踏实付出的人，才是真心实意想要给你幸福。

不管是对待婚姻，还是生活中任何方面，说到做到是做人的根本，人无信不立，当言而无信成为一种习惯后，你的信用将在不知不觉中破产。有一天，当你面对没有爱人陪伴、没有伙伴同行、没有朋友支持的时候，请你不要意外，这一切，都是因果循环。

# 平淡生活中
# 也要有些仪式感

"仪式感"是挽救平淡婚姻的利器，
是"爱"的一针强心剂。

越来越多的朋友慢慢走入了婚姻的殿堂，有些人婚后生活依然甜蜜幸福，有些人婚后生活鸡飞狗跳。我们总是抱怨婚后生活太过平淡，没有了恋爱时期的如胶似漆。

当然，恋爱时灯红酒绿，结婚后柴米油盐，若没有了惊喜，谁能在这日复一日的平淡中打起精神呢？

这个时候，"仪式感"是你挽救平淡婚姻的利器，它会让你记得那些值得纪念的特别日子，它会让你重归生活的美好，当你感觉"爱无力"的时候，为你打一针"爱"的强心剂。

我的朋友子涵留英归来，家境不错，既爱生活又爱诗和远方，在她的身上我看到了物质与精神的完美结合。

曾经我们是关系非常好的邻居，楼上楼下在一起生活了两年，那时候，不管是单身还是恋爱，她都会把自己的生活装点得充实而隆重。

周五，她会盛装打扮起来，和几个姐妹喝一杯；一个任务完成，她会请姐妹们聚一下，奖励自己；下雨了，她要找个好的老电影重温；下雪了，她要泡个温泉吃个火锅；她恋爱了要庆祝，恢复单身了也要庆祝；股票涨了要庆祝，减肥成功了也要庆祝；更不用说一年中无数的节日、纪念日了，每个她认为有“特殊感”的一天，都会被用来庆祝，并且她会郑重地告诉并嘉许自己：“生活需要仪式感。”

而仅仅是这些微微“走心”的仪式感，就让身边的我，多次感觉到像来到夏日热情的夏威夷海滩，幸福而美好。

婚姻中的仪式感，并不都是浪漫的烛光晚餐，也不必是每日鲜花。早上出门前一个爱的拥抱、悄悄放在你便当盒里的小水果、床边的一张晚安小纸条，就足以慰藉一整天的辛苦付出了。尝试着给婚姻生活多一点点的甜、一点点小心思，它会回馈给你意想不到的惊喜。

黄磊曾讲起一件趣事：他朋友的女儿结婚，他去参加婚礼，朋友掉了眼泪，伤感地说：“都说女儿是爸爸的小棉袄，没想到这么快就挂到别人家的衣柜里了。”黄磊也感同身受地哭了，感慨地说：“我有两个女儿，我也经常幻想嫁女儿这个画面。但是如果有一天，那个男的跟我女儿说，没有婚礼。我就会跟我女儿说，不要嫁给他。连那样的一个仪式感都没有，他不值得拥有你。”

黄磊与孙莉夫妇俩堪称娱乐圈的模范夫妻，两人结婚多年，黄磊不但每天晚上坚持回家给家人做饭，对两个宝贝女儿的教育也是亲力亲为。结婚 20 周年的时候，夫妻俩补办了婚礼，补了蜜月旅行，还和两个可爱的女儿一起拍了家庭纪录片。这样恩爱的黄磊和孙莉，难道在漫长的 20 年婚姻里，就没有过争吵与琐碎吗？不是的。

婚姻的围城内，谁都难免会有失望和倦怠的时候。可这些专属于他们的仪式感，时时刻刻都提醒着他们要感恩和珍惜现有的一切，用智慧和包容去化解生活中琐碎的矛盾与埋怨。因为缺乏仪式感，很多人不屑地撇嘴——婚姻哪有什么浪漫，做了父母之后，都忘记了怎么做夫妻。

我认识的另一个姑娘，刚升级为妈妈的前两年也是一心扑在伟大的育儿工作，眼里心里只有宝宝最大。那一年的结婚纪念日，丈夫西装革履，定了高级餐厅，她却没有化妆，随便抓起一件衬衫。丈夫眼里的光芒顿时黯淡下去，说：“请你好好打扮一下可以吗？这是我们两个人的纪念日啊。”她一开始很烦，觉得有必要这么麻烦吗，你知道我每天有多忙多累吗。无奈在丈夫的要求下，她换了长裙，涂了口红，两个人开车去全城最好的旋转餐厅吃晚餐，她还收到一束精心定制的玫瑰。那一刻望着窗外的熠熠星光，她忽然泪盈于睫。

原来婚姻里的仪式感，是一种被需要感，是将双方从家庭角色和日常事务里抽离出来，互相对视，彼此链接，重新找回爱和依恋。村上春树说，没有“小确幸”的人生，不过是干巴巴的沙漠罢了。也许有人觉得白天的工作已经足够疲倦，晚上还要回家照顾孩子，已经没有了追求仪式感的时间。但是，正是仪式感给倦怠的生活增添了“小确幸”，让两人多了惊喜和浪漫。

有人说，婚姻本来就是平平淡淡，都是柴米油盐，哪有时间讲究什么仪式感；还有人说都老夫老妻了，安安稳稳地过日子就行了。

但时间从不是感情平淡的借口，绝大多数的婚姻变得难以忍受，都只是懒得用心罢了。

其实婚姻生活的底色都是一样的，只不过聪明的人更懂得如何经营，明白如何在平淡索然的日子里制造惊喜和浪漫，让爱情保鲜。

最好的婚姻不是乍见之欢，而是久处不厌。不管是男女都需要给对方多一些仪式感，保持初恋般的感觉。

婚姻最重要的是他懂你的辛苦与用心，你懂他的不易与劳累。给对方更多的陪伴和爱，在他最疲惫时告诉他：有你，真好。

童话中，小王子问狐狸："仪式是什么？"狐狸说："这是一件经常被人们遗忘的事情。""它就是使某一天与其他日子不同，使某一刻与其他时刻不同。"仪式不是一个简单的形式，而是一个你真正用心投入的过程。它庄重而有意义，就像生命大河上建造的闪烁的小灯塔，提醒你那些生命中那些令人惊喜的日子，让平淡的婚姻，始终保留最初的那份爱。

# 礼物不在贵贱，只在态度和用心

千金易得，真心难求。
贵重的往往不是价签上的数字，
而是你为她花的心思。

这几天走在街上，很多店铺都关门了，唯有花坊一派春意盎然。艳丽的玫瑰、粉色的香水百合、五彩的绣球花和各种纯色满天星，一束束一盆盆地被摆放在耀眼的位置，争相开放。我进店去买几枝花儿，年轻美丽的老板娘笑盈盈地问："情人节用的礼物吗？"我只笑说："装点家居。"倒是看到店内不时有男士进进出出，从品种到包装纸用料，从拼色方式到礼物盒子，从花的周期和打理方法，全都问得仔细。

我上高中那会儿，最流行叠星星表白。当时有个男生，为了追班花，花了整整一个月，叠了 9999 颗星星，装起来满满一大盒。还有个学霸，为了追心仪的女生，翻了不知道多少本习题，最后给她写了一本100多页的期末复习笔记。够傻的吧？但这叫诚意。为什么人们总说年少时期的感情最值得怀念？我想也许是因为在那个不以钞票论英雄的年纪，最打动人的就是这份真心和诚意。说什么没钱没时间没精力没创意，若是真爱你，星星月亮都会想办法摘给你。

关于礼物，忽然想起去年一个朋友的提问。他说："是不是每一个女人都特别期待节日？是不是每一个女人都喜欢收礼物？送给女人最好的礼物又是什么？"我的回答是：女人不是特别期待节日，而是期待节日中不一样的气氛和感动，女人确实喜欢收到礼物，尤其是来自自己心爱的男人，至于女人要的最好的礼物，从来都是你爱她的态度。礼物当中只要注入了真心，就是最好的给予和在乎。礼物从来不分贵贱，不论档次。哪怕是一条祝福的信息和一句你辛苦了的问候，都是宝贵的惊喜和满心温暖。

看过美剧《我们这一天》的人，一定会记得这段剧情。一天早上，临产前的丽贝卡非常暴躁，对着杰克一通埋怨，并大声叱喝着把他赶出了家门。但是没过多久，丽贝卡就后悔了，因为翻阅日历计算生产日期的时候，她发现这天是杰克的生日。为了给杰克做一个生日蛋糕，丽贝卡穿着孕妇装，用绳子把大号拖鞋绑在脚上，走到唯一一家她能徒步到达的杂货店，用买来的小面包做成了个蛋糕的模样。当时丽贝卡气喘吁吁地对店主说了一段话，我印象很深。她说："我必须为他的生日做些东西，不需要是很高档的巧克力杏仁蛋糕，但必须是我用这两只手亲手做的，这样他就能知道我有多爱他。"

我的一个朋友非常优秀，追她的男人很多，她收到的礼物也是多到数不清，而最近，她被一系列不同的礼物打动了。她的母亲身体不好，于是整个春节，她隔三差五就收到陕西的小米、宁夏的红枣、东北的大米、陕北的土鸡蛋；她喜欢画画，男人就为她找最好的宣纸、颜料、名师之作；她想独立创业，男人就尽一切可能支持她，助她成功。这个男人为她做的一切，从来不说什么，从来不要求回报，只是默默地帮助她减轻家里负担，帮助她成为她想成为的自己。比起动辄上万的礼物，她更被这样的真心打动。

现在的女性自己几乎什么都买得起，因此相比高档香水、名牌包包，她们更喜欢顾家的男人，喜欢他花了时间、心思为她精心设计的小玩意。所以，爱她就别问她喜欢什么，也别问她要什么礼物，她要的是你的陪伴和用心、支持和包容，哪怕是一起做一次家务，窝在沙发里看一部电影。用心的礼物是爱情的信物，承载了彼此对爱情的虔诚。懂你，其实就是最好的礼物！

对很多人来说，礼物更像是一种仪式，在这个小仪式里，女人可以感受到男人的那份心，甚至可以判断出男人的性格、价值观、生活态度，以及对她的爱意。当今的社会，千金易得，真心难求。最贵重的往往不是价签上的数字，而是你为她花的心思。

# 你在我身边，可我更加孤独

爱情不是婚姻的坟墓，被忽视的孤独才是。
婚姻最坚韧的纽带不是孩子，不是金钱，
而是精神上的共同成长。

太多婚姻的疏远只因忽视了对方的情绪，有很多女性告诉过我一个道理：对一段关系的感觉越来越糟，不是因为现实条件有多差，而是觉得在这段关系里不被注意。以前，我们衡量一段婚姻的质量，会说婚姻给了我们经济保障，给了我们完整的家，而到了现在，我们再谈到一段高质量的婚姻时，想要的却是陪伴。

不知从什么时候起，“丧偶式婚姻”“守寡式育儿”这两个词非常流行，这些略带自嘲的名词虽然总是被“谈笑风生”地提及，但其中夹杂了多少个孤枕难眠的夜晚，多少一个人走在风雨中、孤独无援的酸楚。

比起异地婚姻，更难过的恐怕是“你在我身边，可我更加孤独”。常常听到已经结了婚的朋友抱怨：辛苦了一天回家，多么殷切地盼着回到家后，和老公说说话，撒撒娇，可到家后，看到的永远是老公打电话、看电视、玩游戏，他巨大的背影挡着的是我们两个人的心。

《三十而已》里的钟晓芹单纯朴实，没有过多的奢望，从不攀比，一心只想和老公过好自己的小日子。可她的老公陈屿每天回家后眼睛里只有他的鱼，清洗鱼缸、换水、喂鱼、赏鱼，一弄就是一个晚上，对晓芹是视而不见。晓芹不止一次的愤怒、抗议，都失败而终。最后，晓芹一怒，把他的鱼缸打碎了，声嘶力竭地对他喊：“你当初为什么要娶我，你不如娶条鱼回家！”

婚姻中最可怕的是什么？有人说是出轨，有人说是家暴，但我认为最可怕的其实是明明结婚了，却还是什么都靠自己，你说的他听不见，你做的他看不见。视而不见的婚姻才是垃圾婚姻。

心理学博士后洪兰教授在TED演讲中提到男女差异时，用大量科学数据告诉我们，男生每天只需要讲7000字，而女生需要讲20000字。她会在言语之中，得到安全感，也会在回应之时，感觉被看见。如若不得，她便压抑。在婚姻中压抑的妻子，往往走向三条路，要么抑郁成疾，要么离婚，要么出轨。女人是非常感性的生物，她们如果感觉到丈夫关注自己、尊重自己、体贴她的需求，她对婚姻满意度和幸福感会很高。丈夫越温柔对待她，她会越感觉幸福。丈夫把她放在越重要的位置，她也越深爱自己的丈夫。

男人以为给女人丰厚的物质条件就是爱情，而女人想要的爱情恰恰是男人所忽略的东西，女人想要很多很多的陪伴，想要被宠成掌心里的宝。一段好的婚姻不是没有争吵，没有抱怨，没有迟疑，而是在每一个平淡如水的日子里，能够说一些“废话”。

爱情不是婚姻的坟墓，被忽视的孤独才是。婚姻最坚韧的纽带不是孩子，不是金钱，而是精神上的共同成长。我们每个人都希望有一个高质量的婚姻去共同抵抗这人世间的龃龉，渴望有一个灵魂伴侣与你共话阳春白雪，或者下里巴人。愿岁月波澜终有人陪，愿余生悲欢终有人听。

Chapter 4

第四章

# 不幸的婚姻里，没有无辜者

美好的爱情需要两个人用心地灌溉和扶持，彼此依赖却又相互独立。

# “大男子主义”能不能要？

幸福婚姻的重要元素：爱、尊重、平等、包容，这几样缺一不可。

经常有人会问，“大男子主义”的男人能不能要？我认为，要是可以要，关键是看他到底属于哪种大男子主义。

真正的大男子主义，是一个男人在社会、单位、家庭中，始终处于举足轻重的地位，与妻子相亲相爱、和睦相处，为妻子和孩子带来幸福和安全感。尽管他偶尔会显得很霸道，但他心甘情愿地挑起养家糊口的重担，为家人带来幸福感和安全感。他有一颗包容的心，从来不会为鸡毛蒜皮的小事和妻子斤斤计较。

但是，也有一些“大男子主义”者，他们就是男人里的“公主病”，他们认为男尊女卑，小到去超市里不帮你拿东西，大到对你呼来唤去，人前更不会给你留面子，相反越是在人前越是变本加厉地批评你、使唤你，以彰显他优越的大男人地位。这种“大男子主义”是赤裸裸的对女性的不尊重，这样的婚姻也难谈幸福，除非，你很享受这样的关系与相处模式，那也算得上是“天造地设”的一对。不然的话，还是需要认真地对待这个问题，改掉他身上的“坏毛病”，把他变成真正的“大男子主义”。

当你细心发现这些所谓“大男子主义”性格里的弱点，你就会知道怎么对他了。一般这类人有这么几个特点：以自我为中心、脸皮薄、疑心重。

你千万不要在他面前尝试什么欲擒故纵，也千万不要在他朋友面前说他的缺点，不然他会很气愤，甚至当场翻脸。在外人面前一定要给他面子，哪怕心里再没底，也要帮他一起死撑。也就是你要比他更爱他自己，制造他内心对你的亏欠感。

其实，“大男子主义”的心理本质是他们内心缺乏自信，他们找对象时，不是找条件最好的，而是看哪些女人能够顺从他，听他的话，他所追求的面子不是通过努力提升自己来获得尊重，而是通过处处打压，逼你妥协退让。和这种男人相处，除非你愿意永远妥协，处处顺着他的心意，否则你们的感情很难长久。

刚子就是一个典型的大男子主义者。他不允许自己的女朋友上班，要靠他来养家。但事实上，他自己都入不敷不出，常常让两个人的生活陷入窘境。他不让女朋友上班其实是害怕她出去会遇到更多的机会离开自己。

在外面和朋友吃饭，如果有哪个异性朋友礼貌性地向自己女朋友敬酒，他也不高兴，虽然在饭桌上不说，但回到家后，就会和女朋友争吵；女朋友出门更是不能穿得太鲜艳，不能穿短裙；家里大大小小事都是自己做主，和女朋友连商量的份都没有。最终，刚子的女朋友们都先后离开了他。

听了刚子的故事，我能感受到他的无力与迷茫。原来他的父亲就是一个超级大男子主义，他从小耳濡目染的都是父亲和母亲的相处方式。母亲是个很顺从的女人，对此毫无怨言，所以他本能地认为，男女的相处模式就是这样，自己并没有做错什么。因为从小根深蒂固的观念，刚子的性格比较难以改变，需要女朋友通过一次次的情感博弈，让他在失去至爱和自己所谓的“尊严”中做选择时，才会一点点动摇。

《围城》里有这样一句发人深省的话，“婚姻是一座围城，城外的人想进去，城里的人想出来”。这便是《围城》的作者钱钟书先生和妻子杨绛在一点一滴的婚姻生活中参透的真理。夫妻两个人在相处的日子里，钱钟书先生曾不止一次夸赞杨绛女士，说她是“最才的女、最贤的妻”，又说她能够具“朋友、妻子、情人于一身”。

钱钟书从小家境优渥，过着饭来张口、衣来伸手的贵公子生活，可他却愿意为杨绛做早餐。他煮鸡蛋，烤面包，热牛奶，还做醇香的红茶。睡眼惺忪的杨绛被钱钟书叫醒，他把一张用餐小桌支在床上，把美味的早餐放在小桌上，这样杨绛就可以坐在床上随意享用了。吃着钱先生亲自做的早餐，杨绛幸福地说：“这是我吃过的最香的早饭。”他为她做了一辈子的早餐，后来有了女儿钱媛，则变成为她们母女俩做早餐。钱钟书先生并不因为自己的过人才华而自矜自傲，反而在婚姻中对妻子百般呵护。而妻子也在后来的生活中全心竭力照顾着钱先生，才让他得以顺利完成了文学巨作《管锥编》。而就在这样的彼此成就里，也成全了钱钟书一家最幸福的“我们仨”。

真正的大男人是对所有人，不论对方是男是女，贫贱还是富贵，都有发自内心的接纳和尊重。他们有欣赏对方的独立和美好的肚量，笑纳这个世界。而女人寻求的是能在擅长的方面获得发展和发挥的自由，以及被尊重的权利，并不是要和男人一较高下。她们欣赏男性的力量，并希望寻求保护，所以女人本质上大多还是小女人。在人们追求亲密关系的过程中，互相成就的勇气也是珍贵的。

美好的爱情需要两个人用心地灌溉和扶持，彼此依赖却又相互独立。成长即默契，允许你继续做自己，好的爱情会让你渴望成为更好的人。

幸福婚姻的重要元素：爱、尊重、平等、包容，这几样缺一不可。如果你想做一个“大男人”，不如学习一下雨伞，“如果你不为她挡风遮雨，谁会把你高高举过头顶”。

# AA 制婚姻，好不好？

婚姻，不该成为算术题。
锱铢必较的计算只会让感情天平
在算计中更加失衡，甚至岌岌可危。

现在朋友之间聚会，基本都是AA制的。

然而，情侣甚至夫妻之间要不要实行AA制，这一直是一个有争论的话题。

AA制是一种新的婚姻模式，也有人说，这种新形式的婚姻模式才是男女平等和人生自由的最高境界。

不可否认，AA制的方式让账单平分，可以解决很多经济纠纷，让感情变得更加纯粹。

但我觉得并不是每段关系都适合AA制。

小雯说，她跟老公结婚五年，生了两个孩子，婚后所挣的钱都是各自花各自的，唯独在孩子读书这件事情上，夫妻两人均摊。

前段时间，小雯因为公司倒闭，在家待业将近三个月，身上的积蓄也花得差不多了。刚好九月份小儿子准备上幼儿园，一年的学费就得两万。小雯一下子拿不出那么多钱，就和老公商量着让他先垫付她的部分，等她找到工作再还。可这时候，老公不乐意了。

他说："借也可以，但是你必须得给我打个欠条，要不然我没法借。"

老公的这一句话，让小雯哑口无言。结婚前，老公提出AA制的时候，她并没有多大意见，只是觉得各自花各自的钱没啥不好的。但时间一长，各种矛盾就出来了。

出去吃饭，非得要斤斤计较哪个菜没吃；出去旅游，一瓶矿泉水的钱也得记着；每个月的水电费，也要算计到几块几毛。一开始这些小雯都忍了，毕竟当时她有工作。

可现在是特殊情况，身为夫妻，一方困难的时候另一方理应拉上一把。加之是孩子的事情，身为父亲的他怎么都得负起责任啊。夫妻之间打借条，她是万万不能理解的。

AA制源自16—17世纪时的荷兰和威尼斯，终日奔波的意大利、荷兰商人们已衍生出聚时交流信息、散时各付资费的习俗。因为商人的流动性很强，一个人请别人的客，被请的人说不定这辈子再也碰不到了，为了大家不吃亏，各付各的便是最好的选择了。而荷兰人因其精明、凡事都要分清楚的形象，逐渐形成了Let's go Dutch（让我们做荷兰人）的俗语。而幽默的英国人将这句话引申成为“AA制”(Algebraic Average)。

所以，AA制是源自欧洲的文化，外国人在工作生活中运用起来，非常自然，他们也认为是天经地义，没什么大不了的，这是他们互相尊重、融洽而默契的方式。而在中国，老百姓耳熟能详的一句话就是“男主外，女主内”。在原始社会，男人外出打猎，女人繁衍后代，这就自然而然地形成了一个观念。所以，男人负责猎取食物（钱财），女人负责保卫大后方，是传统观念的“正常”家庭模式。正因为这样的文化差异和根深蒂固的思想，在现在的社会，如果情侣之间突然间实行AA制，自然让很多人不适应。

AA制“A”的不是账单，而是心。在女人的心里，其实她看重的不是对方请她吃一顿什么饭，买了多少东西，而是看到这个男人愿意照顾她、守护她的态度。如果一顿饭都计较，又怎么能承担起一个家庭的重任呢？现在的女性，更多的是“以小看大”，当她们看到并确认这个男人气度大、可以托付终身时，其实，女人的付出一点都不比男人少，不管在经济上、精神上，还是家庭责任上，女人的承担往往是金钱难以衡量的。

当然对女人来讲，经济还要相对独立，男人虽有照顾你的能力和态度，但不代表你就有权利完全“依附”在他身上。这样的感情一定是失衡了，你也会因为过度依赖，没有经济独立的能力，最终导致矛盾的一次次升级。所以，女孩子们要把握好情感和物质之间的这个微妙的度。

对于男孩子来讲，万事也要有个度，量力而行。如果为了追求女孩子，在人前撑面子，硬是打肿脸充胖子，这种做法是完全不可取的。

我还看到了这样一个故事。一个女孩子不敢接受男友的爱，男朋友满心欢喜地送她小礼物，她都攒着不用，还会把买礼物的钱转给他。男朋友给她“520”的红包，她马上回一个“666”。时间长了，男朋友每次送出去的爱都被这样“冷静”的水浇灭，情感也出现了问题。男人需要自己的爱被接受，他需要看到的只是你的笑脸，而不是“我的心意，对她来说都是要还的债”。

谈及婚姻AA制的话题，之所以多数女性觉得无法接受，究其根源，还在于女方为家庭做出了更多“隐形付出”。把钱看得太重而忽略夫妻感情，其实已经与婚姻的宗旨背道而驰，婚姻应该是两个人的相濡以沫。买东西可以用金钱衡量，那么感情呢？

比如丈夫生病，妻子在病床边的陪伴；妻子过生日，丈夫别出心裁的礼物和仪式；丈夫事业陷入困境时，妻子的鼓励以及行之有效的建议；妻子更年期心情烦躁时，丈夫忍受她的坏脾气还要逗她开心。这些又怎么能用金钱说得清？

如果真的要绝对AA制，那女性的生育风险、生育成本、家务时间、牺牲事业发展机会等，或许都没能在AA制的分割中得到有效体现。

婚后该不该AA制其实没有标准答案，任何一种相处模式只要建立在“你情我愿”的基础上，能让彼此感觉舒服，携手走得更远就好。

AA制婚姻也是这样，在保护双方利益的前提下，可以分，但别让它变成爱情的坟墓。

婚姻，不该成为算术题。那些锱铢必较的计算，只会让感情天平在算计中更加失衡，甚至岌岌可危。AA制婚姻，能“AA”的也只有金钱，情感的付出却必须倾斜。让对方感受到温暖，婚姻才不会偏航，甚至触礁。好的爱情是我愿意主动承担，她愿意替我分担。

# 老公是“妈宝男”，怎么办？

一个人只有真正的独立，
才能体会生命的美妙，
才是对母亲最大的回报。

最好的婚姻应该是什么样子？

看到一句话，说最好的婚姻就是，在女人退出自己原生家庭的同时，男人也退出自己的原生家庭，然后两个人重新组建起一个新的家庭。对于这样的观点，很多人都是一样，深以为然。

本来，如果结婚以后，不管是女方家人过于掺和还是男方家人过于掺和，都会给两个人的婚姻带来很多麻烦和矛盾。一个健康的家庭关系顺序中，排位第一的应该是夫妻关系，夫妻之间合理地安排家庭生活、子女教育、老人赡养，丈夫尽丈夫的责任，妻子尽妻子的责任，这样的沟通和相处自然和谐、有效。但如果你的丈夫是个“妈宝男”，万事都听妈妈的，一点芝麻绿豆的小事都向妈妈汇报，由妈妈来亲自处理夫妻关系，这样的婚姻，势必出现问题。

什么事情都要跟母亲汇报，依赖性强；不会正确处理女朋友和家人的关系，跟女朋友吵架后找父母诉苦；遇到问题总寻求父母的帮助，习惯寻求庇护和保护，而不是自我救赎或者保护别人……

这是“妈宝男”的典型特征。和“妈宝男”在一起是什么感觉呢？一个字——累。他们最大的特点就是没有“断奶”，无论思想，还是行为。无论做什么事都要“先问问我妈妈”，然后一口一个“我妈说”，把妈妈的话当作圣旨。他们的名言就是：只要你对我妈好，我就对你好。

还记得前几年的一部电视剧，女主角盛开嫁给了罗耀辉。本以为罗耀辉温柔腼腆，一定会对自己好，可结婚后才发现，罗耀辉就是一个典型的“妈宝男”。不仅工资全部上交给自己的母亲，还要拿钱出来补贴他的姐姐，让他们俩本就不富裕的生活变得更加拮据。当婆婆指责她还不生孩子，是不是为了给自己留后路的时候，她终于忍无可忍和婆婆吵了起来。在这样的时候，罗耀辉却直接站在母亲那边，对她大喊：“你可以用这种态度对你妈，不能用这种态度对我妈！”盛开这才知道，不是自己当不好一个妻子，只是在丈夫眼里，母亲都比老婆更亲近。

这世上的人熙熙攘攘，总有人运气差遇到了一位“妈宝男”老公，婚后才慢慢发现他的本质，怎么办呢？

首先，我们不应该把自己放在婆婆“情敌”的位置上。

很多“妈宝男”的妻子，都会陷入和婆婆争宠的误区，看这个男人更愿意听谁的，似乎就和谁关系近。这样做的结果往往并不好，毕竟“妈宝男”和妈妈的关系一般比较紧密，也习惯了言听计从，很难有勇气惹妈妈不高兴。你这样做，会让老公觉得你不理解他，甚至是为难他，从而在心理上和你拉开距离。

正确的做法是把自己放在老公人生伴侣的位置上，去提醒他母子关系过于紧密的弊端，比如你说：“亲爱的，像你这样年纪的男人，妈妈还什么都要管的可不多呀。你能陪在妈妈身边一辈子吗？如果不能，她越早放手可能对你越好。”这可以激发老公对于母子关系过于紧密的焦虑，鼓励他跟妈妈保持合理界限，他也会觉得你是真心为他着想，心理上和你的距离更亲密。

其次，调整自己的心态，接纳对方就是这样的人。

这一点真的很难，但确实是最重要的一步。我观察发现，多数抱怨男人是“妈宝男”的女人，在谈恋爱的时候，也是被他的听话和唯命是从所吸引。

所以，当初自己选择一个凡事以自己为主的男人的时候，就需要做好接受对方可能还是一个听妈妈的话的男人的准备。任何一件事情，都是两面的。就像一个人想找一个有钱人，那就意味着她可能在婚后的多数时间是需要自己一个人度过的，因为她老公会很忙，有很多应酬。或者如果你希望找一个能够跟自己朝九晚五过生活的人，那可能就是平平淡淡过一辈子，就不要去抱怨对方没赚什么钱。这是一个自然规律，任何一件事情，它都是一个整体，我们无法把它单独剥离出来只抽取我们想要的一部分。

最后，不要用抱怨、指责的方式要求对方改变。

一个男人听见自己的老婆生气地说自己没主见，会激起本能的防御，要么找证据辩解自己不是这样，要么就会远离老婆、保护自己。你想想看，自己是不是也是这样呢？有人说你不好的时候，就立刻穿上了盔甲保护自己。

想让一个“妈宝男”老公变得更有主见，比批判更有效的是鼓励，帮助他拓宽心理空间，容纳“背叛”父母的恐惧感。其实大部分“妈宝男”内心也是渴望成长的，毕竟没有谁愿意一辈子当个小孩子，按照他人的意愿生活；可是当父母的保护欲望过于强烈时，他们是不忍心反抗和破坏的，因为他们觉得这意味着背叛。

你可以尝试鼓励他：“亲爱的，其实你身上有很多潜力，如果就这样被限制，我真的为你觉得可惜。”鼓励和陪伴他按照自己的意愿生活，他一定会觉得你最懂他，对你充满感激。“妈宝男”老公其实并不坏，他们只是缺乏力量和勇气；如果你能够真正懂得他们，并用正确的方法去支持和鼓励他们，你们就有机会做彼此的知己和亲密伴侣，让感情变得更好，让男人变得更有力量和勇气。

生命中，我们每个人都会经历和母亲的三次分离。第一次分离是物理上的分离。当孩子从妈妈腹中降生、剪开脐带的那一刻，一个新生的婴儿就已经完成了人生第一次无比痛苦的分离——离开母亲温暖而无比舒服的子宫，来到这个由冰冷的风、嘈杂的环境组成的世界。

第二次分离是心理分离。孩子从对妈妈的依赖走向独立，必然要完成心理上的离别。不管妈妈多伟大，妈妈多痛苦，妈妈多需要他，他都要离开妈妈。每个人都需为自己的生命负责。

第三次分离是真正的分离，也是我们每个人都要面对的永别时刻。

不管你愿不愿意，我们都将经历这三次“分离”，才能真正地活出自己的人生。

这个世界上唯一以“分开”为目的的爱，就是妈妈的爱。我们在“心理”上分离，不代表我们就不爱妈妈了，相反，只有真正的独立才是真正的爱，不管前行的道路会不会摔跤，你都要自己认真地走下去。只有这样，你才能体会生命的美妙，唯有这样，才是对母亲最大的回报。

## 轻视，
## 极易发生的情感虐待

充满轻视的爱，是控制，
是畸形、变质的爱。不轻视的爱，
才能携手另一半走过人生的风风雨雨。

压垮一个人、一段感情、一桩婚姻的，很多时候不是惊天动地的大事，而是堆在心里、日积月累、说不出来又消化不掉的一件件小事。大部分时候，女人比男人细腻敏锐很多，她会因一些看起来很小的小事，而感到刺痛。

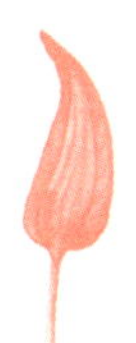

前些日子在微博上看到一个已婚女人说她想帮四岁的女儿洗澡，但女儿说不要，因为“妈妈的肚子吓人”。她是剖腹产，恢复时伤口没养好，伤疤有点显眼。童言无忌，她没在意，但老公抱着孩子，在一旁漫不经心地说：

"听见了吗，连女儿都嫌你丑。"她有点生气，问："你什么意思？"老公说"我没什么意思啊。""你是嫌我肚子上的刀疤丑吗？""我没说，是闺女说的，不就开玩笑吗，有什么好生气的？"俩人吵起来。女儿吓哭了，说"妈妈是疯婆子"，并且说这是爸爸跟奶奶说的。她也哭了，委屈得不行，甚至想离婚。她觉得自己工作又顾家，全心全意忙来忙去，怎么就成了个"难看的疯婆子"呢？

毫无疑问，这位妈妈正在遭受的是心理暴力，也就是情感虐待，这在亲密关系中十分常见。比如有些女人非常喜欢在家庭聚会时，当着亲友众人的面，口无遮拦地吐槽、贬低丈夫，她们不屑的语气、肆意的嘲笑，常会引发周围人哄堂大笑。比如有些男人很喜欢调侃妻子什么事都做不好，话语中透出贬低与不屑，以都是"为你好"的名义，打击对方的自信心。

一个山东的学员叶子通过朋友找到我，她说她实在受不了她的老公了。在家里，她几乎没有说话的份，有客人来她都紧张，生怕又被老公在人前斥责。有一次，老公朋友来家做客，老公对她呼来喝去的，一会儿喊："我不是告诉你用那套骨瓷餐具吗？你傻啊？"一会儿又喊："你是喝化肥长大的吗？"她心里憋屈，但碍着朋友的面不好意思争吵，

只得憨憨地一笑，什么也没说。吃完饭，朋友想帮忙收拾桌子，被她老公一把按住，冲媳妇喊：“又没上班，还不干活，快去，快去！”然后对朋友抱怨道：“哎，她就是一个窝囊废，干啥啥不行。别人家媳妇都是又能挣钱，又能做饭，就她天天在家待着。”

没过多久，叶子终于和她老公大闹了一番。她哭诉道：“结婚这么多年，你几乎每天都看我不顺眼，随时随地、人前人后地数落我、骂我，我也是个人，我也有脸面，你要是看不上我，我就走吧。”从这一天后，叶子离开了这个家。

在婚姻里，双方首先要做到的就是尊重。如果一方过度轻视，用语言与心理施暴，另一方没有及时阻止并一再忍让时，会让“施暴”方更加肆无忌惮。妻子为这个家的付出都被忽视，被看作是理所当然。丈夫对她的轻视，让整个家都乌烟瘴气，孩子对父母说话也没好气，家里完全没有互相的尊重，更别说爱的流动了。

那么，如果我们正处在情感中被轻视的地位，应该如何来对抗情感虐待呢？

第一步，意识到情感虐待正在发生。当对方看似无意的贬低你、打击你，或者在其他人面前取笑你的时候；当对方总是高高在上，对你的工作、家人、朋友都蔑视的时候；当对方总是抓住你的某些过错或行为，一而再再而三的提及、责难你的时候；当你和对方在一起，总是很难过、很委屈、很压抑的时候……这些都是情感虐待的信号，要引起警惕。千万不要被对方“我都是为你好”“你太敏感了”“我就是喜欢开玩笑”等轻描淡写的言论所迷惑。

第二步，坚决地说“不”。对方的贬低让你不开心，你一定要坚决地说“不”，告诉对方你不再忍受这些侵犯行为。一个妻子，她在家庭关系中想要的无非是人与人之间相处最基本的尊重，有事彼此商量，心事彼此倾听，忙碌之后感谢的目光，失落时的一个拥抱，彼此维护，也彼此懂得。耶鲁大学教授全惠星说：“父亲爱妻子，孩子也会爱妈妈；父亲轻视妻子，孩子也跟着轻视妈妈。”

所以，切记一定要主动告诉对方，我很不舒服。如果说对方是容易激动型的，可以选择事后再说，或者是通过文字明确告诉对方，你的话让我很不舒服，这样下去我真的受不了你，会采取什么措施（比如离开等）。如果对方是平静型的，也可以适当地在对方责难你的时候，正面交涉，认真地把你的态度亮出来，不要轻易妥协。

第三步，果断抽身离开。遭受心理暴力，但对方又拒绝改变，怎么办？一定要及时抽身离开。明知道你痛苦，还持续向你施暴的人，无论嘴上说的多好听，都不值得相信。他们可能想通过打压，以此来达到掌控你的目的。也可能本身心理不健康，自觉不如你，就通过打压你来寻求情感上的平衡。无论哪种情况，这样的情感都是不健康的，这样的人也并非良人。

每个人的生命都只有一次，我们都要善待自己，如果一段感情让你感觉很不舒服，那它一定不适合你，你值得拥有更好的。

对于女人来说，丈夫的宠爱就是妻子的底气和脊梁。对于男人来说，妻子的崇拜就是男人的最高尊严。充满轻视的爱，是控制，是畸形、变质的爱。不轻视的爱，才能携手另一半走过人生的风风雨雨。在婚姻里，你们有同等的地位，有同样的权利，你们的生命同样珍贵。

# 克制自己，不争口舌的上风

学会克制自己，学会珍惜对方，
不做无谓的口舌之争，
是维系亲密关系的关键。

在婚姻中，两个人有一些争吵是很正常的。俗话说“夫妻床头打架床尾和”，意思是两个人在吵架的时候，无论怎么吵都没有关系，关键是吵过之后如何去修复彼此之间的关系。结婚后不再像恋爱的时候，经历的东西很单纯，要处理的事情也没有那么复杂。随着婚姻生活中烦心的事情越来越多，夫妻俩产生摩擦的机会也越来越大，甚至经常会因为一些鸡毛蒜皮的小事而吵架。很多夫妻吵着吵着，两颗心的距离越来越远，甚至有了分开的冲动。

我们时常羡慕能够白头偕老的人，并渴望自己也有一段这样的恋情。但在憧憬之余，我们又太在乎自己的感受，动不动就与最亲密的人发生口角，用最锋利的语言铸成一把匕首，不刺伤对方决不罢休。那些曾经脱口而出的尖酸刻薄早已在对方的心上划了一刀又一刀，刀刀致命。多少人旧伤未好，又添新伤。如此周而复始，伤疤一而再再而三地流血化脓、结痂生疮，最后的最后，心上便破了个洞，再想愈合就难了。

当然，我相信绝大多数夫妻吵架并不是因为心中无爱，而是因为缺乏耐心与容忍。发生分歧以后，第一时间想到的不是面对面坐下来好好沟通，而是采取质问、冷战的方式去表达自己内心的真实想法。明明心里想说的是“我很在乎你”，嘴上说的却是“我不想看见你”。明明不希望他离开自己，却嘴硬说:“你走啊，去和她在一起啊！”明明生气是因为吃醋，可偏偏不愿意承认，非要摆出一副强势的面孔，大义凛然地灭对方威风。

前些天准备做饭，刚走到厨房门口就听到楼下一对夫妻吵架的声音。迷迷糊糊中，我听到女人扯着尖锐的嗓门喊:“谁让你和她见面了，我允许了吗？”男人似乎有些不以为然地说:“她是我朋友，请我吃顿饭。怎么了？小题大做。”“我小题大做？”女人显然是被惹怒了。“你别以为我不知道你背着我做了什么见不得人的事！“呵呵。”男人冷笑了一声。“那你今天就把话说清楚，我到底做了什么见不得人的事！”男人的声音忽然提高

了好几分贝。“你和她在微信上聊的有多暧昧，我都看见了。”女人斩钉截铁地说，“你怎么这么不要脸?！”“我没法跟你说了。”男人转身要走。“你一个人闹吧，我要回家睡觉了。”女人二话没说，追上去就把男人的手机给夺了过来，摔到了地上。男人暴跳如雷，转身离开了。

感情中难免有说不清的琐碎，谁也不能保证自己永远大度包容，冷静地像圣母一样，适当的小吵无可厚非，关键是掌握好度，知道你要达到什么目的。如果是希望对方接受你的观点并引以为戒，你需要清晰地告诉他，而不要在表面问题上无休止地暴发，甚至扯出更多陈年往事，以至双方不欢而散。

《后会无期》里有一句话，“喜欢就会放肆，但爱就是克制”。当你事事都只为自己考虑的时候；当你知道自己被偏爱而有恃无恐的时候；当你一次次地闹腾，对方却一次次选择原谅的时候；当你享受着别人对你的好，自己却觉得理所当然的时候；当你觉得自己拿捏得住对方，不再考虑他的感受的时候，你已经成了一个自私的人，你又怎么好意思整天把“爱”挂在嘴边呢?

“刀子嘴”的人，不管他的心是不是“豆腐心”，在人际相处中都容易让别人敬而远之，在亲密关系中容易与伴侣冲突不断。面对问题时，即使他的出发点是好的，意见是正确的，但由于说话不顾及他人的感受，也会导致意见不被接纳。

所以，“刀子嘴”们不仅让别人难受，也会让自己难受。往往他们付出了很多，但还是得不到应有的友情与爱情回馈，他们常常满腹牢骚，认为所有人都对不起他，但他不知道，是他的“刀子嘴”把人们推向了远方。

如果有一天，你学会了爱，你会收起自己的锋芒，你会克制自己的脾气，你甚至会默默无闻、毫无期待地爱着他。爱那些琐碎的细节，爱跟他在一起的默契，爱他带给你的安稳和不尴尬的沉默。当你学会了克制不再放肆，不过是因为，你懂得了珍惜。

# 所以，一切都是童年的错吗？

与自己和解，与原生家庭告别，
敞开心扉，去拥抱这个世界。

里尔克说过：“我们所谓的命运是从我们体内走出来的，并不是从外边向我们身体里走进去。”很多时候，我们总是把现在生活中出现问题的根源归咎于外在，或者是童年，那么这种说法究竟有没有依据呢？到底为什么说童年经历奠定了我们人生的底色呢？

原生家庭中的亲属及其他关系对我们有着至关重要的影响——你在什么样的家庭中出生、成长，很大程度上决定着你成年后会成为什么样的人。我们的很多技能、习惯、处事方式都是在原生家庭中习得的，包括如何与人沟通、互动，如何处理我们的情绪和需求。

同样，我们的价值观和信仰的形成也与我们的父母息息相关。我们对自我的看法源于家庭的养育，如果在大多数时间能够感受到自己是被爱着的，有安全感的，那么我们就会发展出坚强和稳定的自我意识；如果成长过程中缺乏安全感和爱，自我意识就容易变得不稳定和脆弱。

东方卫视的《幸福魔方》节目曾经报道了这样一个故事。有一个姑娘叫冉冉，她一个人离开老家在上海打拼，开了一家饰品店，生意还不错。她谈了一个男朋友，男朋友开始对她还不错，但渐渐开始显露出种种劣迹。男友没有稳定的收入，一切开支都靠冉冉，还经常要一些昂贵的东西，冉冉一般都会满足。由于冉冉凡事都顺着他，他开始有暴力倾向，冉冉身上经常青一块紫一块。再后来男友开始出轨，甚至当着冉冉的面和其他女孩子卿卿我我。冉冉非常痛苦，不止一次闹分手，但只要男朋友说一句软话，她就会原谅对方。朋友们非常气愤，恨冉冉这样软弱。原来，在冉冉三岁的时候父母感情破裂离婚，父亲有了新欢抛弃了他们母女，冉冉觉得，都是因为自己不乖才导致父母离婚，她一直想，只要我听话，父亲就会回到我身边。有了男友之后，她把对父亲的感觉投射到男友身上，潜意识里总有一个声音告诉她，只要你听话，男友就会对你好。

原生家庭对一个人的影响是潜移默化的，在原生家庭形成的“原生情结”会在成长后在夫妻相处中不受意识控制地重复出现，从而使很多夫妻在一定程度上“内化”父母的行为方式，以致婚姻关系中影响着夫妻双方的行为、认知、情绪等，并且在日常生活中毫无防备、意想不到的时刻以超凡的强度被我们生命中最亲近的人(通常是配偶)引爆。很多心理学家认为，在婚姻中，表面上我们是在与自己的配偶相处，其实是不断重新经历自己过去与父母的关系。婚姻关系，可以说是我们在成长过程中与父母互动模式的复制。

节目《同床异梦》里，秋瓷炫有一个可爱的老公，有对她很好的公婆，俨然一个幸福的女人。但是，她的原生家庭却是十分不幸的。她的父母重男轻女，所以从小跟着爷爷奶奶长大。因为成长于这样的家庭，她会对婚姻产生怀疑，也不懂得怎么去爱一个人。她说，当时并没有下定决心嫁给于晓光，但是当她去了晓光家里，看到他的父母非常相爱，她才真正决定嫁给于晓光。因为她懂得，只有父母恩爱，孩子才会充满爱，将来的婚姻才能美满。

所以，一个人越了解自己的家庭文化，将来进入婚姻以后越容易和对方相处。同时我们也要了解对方的家庭文化。有专家建议结婚前就要先对父母婚姻对自己的影响做好评估，分析一下哪些是可能影响自己的不正确方式，衡量一下自己进入婚姻后，可能有哪些不恰当的行为模式会影响自己的婚姻，避免重蹈覆辙。要扬长避短，不断完善自己的人格。重新组建自己的家庭之后，应尽量脱离原生家庭的影响。主动告诉对方自己原生家庭的背景，并希望对方给自己修正的时间。每次争吵后做一个小结，这样有利于强化夫妻间的沟通。

了解了这些后，有的人可能会说，这不是我的错，我的原生家庭就是这样的，我不能改变。这是一种不负责任的说法，每个人都带着自己原生家庭里的很多东西，两个人要想重新组成一个幸福的家庭，必须学会理解、包容，同时要学会改变自己，共同磨合出属于自己的一种新的相处模式。

每个人性格里，都藏着原生家庭的影子。当初决定，永远不要成为像父母那样的人，过他们那样的婚姻，但是回头却发现，自己还是活成了他们的样子。既然影响摆脱不了，那就不如勇敢地跟过去的自己和解。傅首尔谈到自己的原生家庭时，称童年是非常不幸的，自己跟着爷爷奶奶生活，曾经为了见妈妈一面，喝洗洁精把自己弄生病。她从小缺爱、不懂爱，她一直以为自己不会遇到真爱了，但是她遇到了老刘，并写下这么一段话："世界曾经薄幸待我，还好将你赠予我，谢谢好的伴侣，治愈原生家庭。"

美好的婚姻，让人羡慕。"世界曾经薄幸待我，还好将你赠予我"，是多么充满爱意与感激的话语。好的伴侣，可以治愈原生家庭带来的伤痛，但前提是你自己得努力与过去的自己和解，变得强大。

你要明白，安全感只能自己给自己，你想要的一切，只能自己给自己。好的伴侣，不是帮你走出原生家庭的影响，而是治愈你的内心，治愈你曾经遍体鳞伤的那段时光。

在夫妻双方发生冲突时，不要用原生家庭当借口，因为你的幸福、快乐掌握在你自己手中。原生家庭发生的事情不需要你负责，但从今天开始，你所做的每一个选择都要自己负责，请记住，你现在的家庭是孩子的原生家庭。作为父母，你要给孩子怎样的未来？你要为孩子成为什么样的榜样？需要每一个家长认真思考。

原生家庭亏欠你的，你终究得靠自己找回来。要把过去的一切，变成你披荆斩棘的盔甲，勇敢地面对这个世界。也许你不能原谅，曾经受过的伤害，那就不要勉强自己。只希望你能学着跟自己和解，不要让自己一直活在阴影里。爱是激情，是相互之间的凝视和触摸，更是幽默与大笑，让我们彼此相互依偎，治愈原生家庭带给我们的痛，在浩瀚的星辰大海里寻找最简单的温暖。

第五章

Chapter 5

# 再亲密的关系，也需有自己的空间

每个人，在成为别人的太太之前，首先要成为独立而优秀的自己。

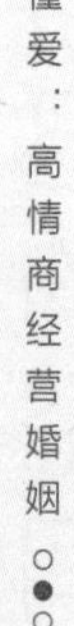
懂爱：高情商经营婚姻

# 有了家庭，也不能丢掉朋友

婚姻是两个人世界的交换，
是为了让人变成辽阔的大陆，
而不是变成孤岛。

你上一次担心自己会没有朋友是什么时候？是开学第一天？是当你发现你最好的朋友不肯和你分享他的事情？还是在你焦虑的青少年时期？

朋友，是人生命中一个非常重要的关系与存在，心理学认为，一个人最终的幸福感不是来自金钱与事业，而是关系。人是社会型动物，是需要“被看见”的。试想，如果没有人欣赏，你愿意花那么多心思打扮自己吗？没有竞争者，你愿意拼命奋斗积极进取吗？没有人分享，你还会有千辛万苦获得成功后的喜悦吗？

我曾经非常羡慕我的一个朋友，他说：“这辈子，我有这三个朋友就够了，一个可以把家里密码告诉他，我不在的时候，把家交给他；一个在任何时候，我说借钱，他一秒钟都不会犹豫就会借我；一个不管我在哪里，出什么事情，他都会第一时间站在我身边。这三个朋友是我的生死之交。”

每个人都渴望拥有一份真挚友情，都希望快乐时有朋友分享喜悦，伤心时有朋友抚平哀愁。可从什么时候开始，你变得越来越孤独了？当朋友找你出去玩，你说要和男朋友约会时；当朋友找你吃饭，你说要去伺候婆婆时；当朋友有心烦的事跟你倾诉，你听了两句就说要去收拾孩子的玩具时；当你好不容易有时间和朋友逛街，却被老公的电话叫走时。结婚后的女人不容易，要上班要顾家，哪还有时间挤出来给朋友呢？所以，除了老公孩子婆婆妈妈，你没有朋友是多么“正常”啊！

朋友S对我说，她结婚后一度觉得自己非常幸福，每天都是围着家庭转。慢慢地，她发现自己和朋友的联系越来越少。她的日程安排根本不能满足她一年至少见两次为数不多的亲密朋友。更糟糕的是，当她成为母亲，压力和疲劳都倍增，和朋友见面更加不可能。所以，她忽视了友谊，她的丈夫成了她的一切、她的焦点、她的传声筒、她的出口、她的知己。她越是想从婚姻中抓住什么，就越容易失去什么。她觉得自己快被失败淹没了，她的脾气越来越暴躁，她无法轻

松地说抱歉，而她的丈夫不习惯冲突，总是羞于说抱歉。但是，他们吵架的次数越多，情况就越糟糕。很快，再加上工作压力和失眠，他们的争吵变得不可忽视，她越来越没有安全感。她开始看心理医生，离婚的想法开始在脑子里盘旋。后来她明白了，问题就在于她没有好朋友，什么事情都只能和丈夫分享。

婚姻是一件美妙的事情，但是婚姻不是你生命的全部。一个完整的生命需要的是健康的夫妻关系、亲人关系、朋友关系、同事关系，这些关系能成为你在一个地方遇到挫折和阻碍后的情绪出口，为你寻找更好的解决方法。好的朋友能看到你积极的一面，他们会认可你的成功和智慧。

重新和好朋友联系之后，S的生活变得不一样了，在婚姻中，她对丈夫的控制变少了，更多的是倾诉和爱；她的朋友们给她带来了新的视角，让她从麻木的婚姻中抽离出来，再带着一腔热血回去。结婚是两个人世界的交换，是为了让人变成辽阔的大陆，而不是变成孤岛。

常常听到有人说，结婚是两个公司的合并，这没错，很多时候，结婚就是两个经济体变成一个经济共同体，两个人在一起，财富增多了，可以抵御更大的风险了，可以做更多的事了。但结婚带来的合并，并不只是财富合并这样一个维度，也意味着精神层面的合并、人际关系的合并、人生经验的合并，是多个维度多个层面上的合并，缺少任何一种合并，都是不完整的。

朋友，是我们和外界沟通的一个重要支点，越长大朋友越少，这其实对男女都一样。生活阅历渐长，我们才知道什么样的人能和我们相处一辈子。

铁打的友情有时候比爱情和婚姻还要靠谱。马伊琍在《圆桌派》的访谈中说道，自己遇到过这么多风雨，每当遇到过不去的坎儿想找人倾诉时，就会去一个只有三个人的闺蜜群里吐槽，闺蜜会静静地听她说，帮她分析局面，客观地指出问题所在，并告诉她下一步该怎么做。当她真的这么做以后，问题果然迎刃而解。对于这种友情，试问谁不羡慕?

即使成了家，有了自己的家庭生活，也绝对不能放弃朋友。当你在婚姻生活中有了烦恼需要暂时抽离时，朋友永远是你最坚实的后援。但是遗憾的是，很多人总是在成家结婚之后，逐渐疏远了朋友。

尤其是已婚的女人，往往当了妈妈之后全部的生活就是围着孩子和父母、爱人转，疏远了曾经亲密的朋友。如果一个人，除了家人之外，没有其他可以谈天说地的对象，那生活就缺少了很多乐趣。闲暇之余约三两好友，一起喝喝茶聊聊天，说说平时无法对家人说的话，听听朋友的新鲜见闻，和朋友一起逛街，做自己喜欢的事情，这样的生活，多么惬意、幸福。

每个人，在成为别人的太太之前，首先是成为独立而优秀的自己，这个“自己”包含你的见识、你的认知、你的事业、你的人际关系、你的原生家庭，一个一结婚就重新开始，好似前半生的一切都没发生过一样的人，当婚姻遇到风雨后，也没有为她挡风遮雨的屋檐。聪明的女人，一定要学会，将爱情和友情都进行到底。

# 他的岗，我能不能查？

正确表达需求，
打造健康的依恋循环过程，
别让查岗变试探。

某综艺节目有一期辩题是：该不该看伴侣的手机？我发现，大部分女生都毫不犹豫地选择了该看，而男生全都站到了对立面。男生认为手机是个人隐私，关乎尊严，女人则认为，结婚了，就没什么隐私可言。美国著名心理学教授罗兰·米勒，在《亲密关系》中，提出亲密关系特点之一是亲密伴侣之间相互依赖，他们的生活是交织在一起的，一方的行为会影响另一方的行为目标和行动能力。如果你在犹豫要不要查岗，那么我也建议，可以查岗，但要用对方式。查岗不等于监视。

查岗是个很深的话题，查也不对，不查也不对，我身边有两个例子，恰恰体现了两种不同方式的后果。

娜娜属于绝对放心、放任老公型的，老公出门从来不问，回来晚也没关系，手机放在那里，永远不去碰，她的哲学是：我相信他，也相信我自己，如果有话，我愿意直说，我可不能去干偷偷地翻别人手机的事。这样的哲学自然给了婚姻很宽广的空间，两个人相处确实融洽。但真实的世界是，我们身边每时每刻都存在风险和诱惑，宽广的空间孕育的不仅是你们的信任，也有可能是第三者。娜娜在结婚第十年的时候，终于遇到了她的劫数，她的老公出轨了，还有了孩子，更不可思议的是，就在她的身边、她的眼皮底下。事情发生后，她别无选择地离婚了。当她总结这一切的经验与教训时，长年对老公的放任和不“查岗”也是造成这个局面的原因之一。

海伦则恰恰相反。她和老公在一起15年了，可这15年间，她像看管犯人一样盯着老公：老公前脚去哪儿，她后脚马上就到；老公去哪里，都要视频电话，扫到每一个角落，看到每一个人；老公的司机、同事都被她笼络在手，每天监督汇报老公的行程；每次回家晚了，老公都会接受长达三小时的盘问……老公被“看”得喘不过气来，有时出差就是为了透透气，放松一下。可最可笑的是，老公刚落地，老婆坐着飞机就跟过来了。最后，海伦也是疲惫不堪，夫妻间信任全无，剑拔弩张。前年，老公与她和平分手了。

找到一个爱的人，从恋爱到结婚再到白头，这是多么不容易，谁不想保护自己得之不易的婚姻，谁不想捍卫自己的爱情。社会的乱象，节节攀升的离婚率让每个女人时刻处在一级戒备、随时作战的状态，像猫头鹰一样盯着外来入侵者，难道女人不累吗？上网随便一搜，关于“查岗”和“防查岗”的招式已经空前绝后，穷尽想象力了。可见，查岗不再是一个人任性的小冲动，而是一个社会型的大现象了，这个现象背后隐藏着很多很多的问题。

在我看来，与其天天查对方，不如用更积极的方法，让苍蝇无缝可钻。你不如在他还在你身边时，花更多的心意想一想，如何让你们的爱情保鲜，如何让他想要和你在一起，如何让自己变得更美好。很多女人结了婚之后，一是因为家务繁忙、工作劳累，没有时间打扮自己；二是因为觉得老夫老妻了，彼此是什么样子心里都一清二楚，就懒于打扮自己。殊不知，这是婚姻的大敌，男人是“好色之徒”，试想一个人天天面对家里蓬头垢面、只会说教的女人，突然有一天外面一个烈焰红唇、柔情蜜意的女人出现，会不会心神激荡，情不自禁呢？女人的美不仅有内在，也有外在，美丽的仪容、管理得当的身材加上聪慧的内在，哪个男人会拒绝这样的女人呢？有能力管理好自己的女人，才能管理好婚姻。

美国心理咨询师费尔曼的依恋循环理论认为，一个良性的依恋循环过程是这样的：我感觉到我有个需求，然后我表达出来，当表达的需求被满足之后，我会对周围环境产生信任，也就是“有需求—表达需求—被满足—产生信任—获得安全感”，形成一个良性的依恋循环。当这种良性的循环持续进行时，我们就会感觉到安全，这便是安全感被建立的过程。

查岗也是一个依恋循环过程，只是我们很多人做错了前两步，让正循环变成了负循环，获得安全感变成失去安全感。纠正循环的前两步，就可以逆转循环，由负变正。所以，选择查岗时，可以简简单单地直接说出自己的需求和真实想法——“老公，我想你了”“老公，出差顺利吗？到酒店记得报个平安哦”“老公，我想听听你的声音”。

直率的表达，就不会让查岗变成试探，试探也就没机会转为压力，没有追逐，就无须逃跑，正确表达需求，才会得到正确的回应，这才是获得安全感的正确姿势。

查岗无非是两种结果，一种是查出问题，两个人大吵一架，不欢而散，另一种是什么也没查出来，但惹怒对方，伤了信任和亲密感，依然是不欢而散。喜欢查岗的人通常是对自己缺乏自信，长期处在没有安全感的心理状态中，这种心理有可能是原生家庭带来的，也可能是后天的生活经历造成的。对于这种情况，你应该学会的第一课，就是自信。

# 要依恋，不要依赖

彼此相爱，但是不要让爱成为桎梏，
让爱成为波涛汹涌的大海，
在你们灵魂的海岸间奔流。

《爱情保卫战》有一期的主题是：我受不了你对我的过度依赖。温柔美丽的女孩非常依赖男友，总是希望两人能时刻粘在一起。男孩说，一次他要出去培训，可女友不让，非要跟着一起去，为此还把自己的行李箱藏起来。除此之外，女孩生活里所有事情，不管大小全都推给男友帮忙做。比如女孩自己不去找工作，要让男友帮忙找，而自己就在家里看小说。如果男友不帮忙，那女孩就会闹分手。

久而久之，男孩疲惫不堪，并表示自己现在“感受不到一点快乐”，想要分手。节目中，女孩说：“我就是想让你带我一起去，你拿着包就出去了，把我一个人扔在那里，我感觉自己像被抛弃了一样。”生活中这样的女生并不少，她们总是担心被抛弃，非常害怕分离。若她们陷入恋爱中，则需要时刻和恋人腻在一起，而无法忍受独处。当然，她们常常会给自己的行为披上一件“爱”的外衣。

网上曾做过关于幸福感的调查，结果发现，亲密关系质量最高的，是那些表现出适度依赖特点的人。这样的人既能充分信任他人、展示脆弱，又能独立自信地处理关系中的各种冲突。心理学家埃里希·弗罗姆曾说：“不成熟的爱情是，我爱你因为我需要你。而成熟的爱情是，我需要你因为我爱你。”刘若英40多岁结婚，记者询问她的婚姻生活时，她说他们夫妻之间经常是大半个月都见不到面，感情却有增无减。她还透露，进入婚姻状态后她也拥有自己的独立书房以及独自做一些事情的权利，丈夫并不干涉。这就是夫妻相处的最好的状态，尊重彼此的意愿、喜好和选择，即便在婚姻中，也能拥有按照自己的想法活着的自由。

大部分男女关系走向瓦解，都不是因为爱得不够，而是期待对方成为自己生命的中心。对方没有一丝喘气的机会，彼此之间经常产生摩擦，结果只能是遗憾结束。

结婚三年的小何错把“寄生性的依赖”当成是“爱”和“忠诚”。她沉浸在对老公爱的患得患失中，没有工作也没有其他朋友，她只能全心全意地“爱”这个人。却不知这种“依赖”产生的所谓幸福大部分都是一种

幻象，阻碍了她成长为一个成熟、坚强的人，梦醒时分，她不得不独自去面对现实。对小何来说，婚姻的破裂昭示了她梦的破灭，她无法相信丈夫以性格不合提出了离婚，态度坚决地搬离了她们的家。一切发生得太快，她陷入恐慌、不解和痛苦中，她的世界崩塌，有种不真实的感觉。

两个人在一起，感情越深，我们就越容易依赖对方。每个人在爱情中都有不同程度的依赖，它让我们拥有关系中的安全感。但如果我们把生活中的爱和幸福感都寄托在对方身上，则很容易造成失衡。因为对方给予你的爱，他也可以随时拿走。相比生活习惯上的依赖，情感依赖才是最可怕的。就好比酒精依赖，你甚至都没有意识到自己离不开对方，不知不觉把对方看得比很多事情都重要。感情中的依赖者，最可怕的结局就是失去自我。

该怎么摆脱过度依赖呢？

第一，做到人格独立。

除了恋爱之外，你必须要有自己独立的世界，有自己的爱好和自己的社交圈子。一般而言感情会经历四个时期：共存、反依赖、独立、共生。感情一定会在热恋期之后经过“反依赖”期，感情稳定时，一方会更想多一点独立时间，安全感低的人就会觉得被冷落，就会拼命折腾，所以很多感情就在第二或第三阶段衰亡。让自己有更加独立的精神世界，是为了避免在这两个阶段跟对方产生冲突。到了共生期之后，双方经过磨合找到了稳定的相处之道，可以互相扶持，共同成长。

第二，学会认清现实。

所有深陷于过度依赖型恋爱中的人，都应该有一个清楚的认知：过度依赖并不会将亲密关系向良性方向引导。相反，恰恰是因为过度依赖，才导致了自己面临分手的现实。也就是说，越不想被抛弃，就越容易被抛弃。我们来举个简单的例子，A和B两个人恋爱了，A完全依赖于B。一开始，B觉得非常舒服，因为A什么都听自己的，两个人也不会因为意见分歧吵架。可时间一长，这个“舒服”就变味儿了。B开始毫不顾忌A的感受和情绪做选择与决定，因为在这个时候，B觉得反正A都是听自己的，拿自己直接决定也没什么问题。但是，“一个人听另一个人的决定行动”和“不顾对方自己直接决定”是两个概念。最终，这段感情也只能是悲惨收场。

所以，试图用一个畸形的方式来应对自己的恐惧，本身就是一件不成立的事情。

第三，划清边界。

时刻问自己，这是谁的事？当无力感又袭来，不由自主想让伴侣帮自己时，可以先问问自己，这是谁的事？所有的事都问三个“事”——这是我的事，你的事，还是他的事？可以快速理清关系中的逻辑，避免边界不清。如果你的答案是这是我自己的事，那么请相信自己，作为一个成年人，你有能力做好自己的事，并且也有责任完成自己的事。请时刻提醒自己：我的事，不需要别人替我完成；我的人生，我可以自己说了算。

第四，拥有强大的内心。

安全感不是来自于外界，而是来自于自己的内心，安全感是自己给自己的。我们面对感情，需要达到一种认知——你很好，可是缺了你，地球照样转动；离开谁，我都可以过得很好。这才是安全感的内核，当然，达到这种认知需要长时间的历练、学习和成长。

过度依赖的爱情会让人窒息，在这种爱情模式里，真正的亲密关系被自我中心所取代，坦诚的交流也被迎合所取代，没有了期待的激情，只有不安。纪伯伦曾说："耳鬓厮磨中为彼此留出一些空隙，让天堂之风在你们中间起舞。彼此相爱，但是不要让爱成为桎梏，让爱成为波涛汹涌的大海，在你们灵魂的海岸间奔流。"

# 不强求加入对方的私人朋友圈

幸福的公式是：
9分信任+1分放手=10分相爱。

papi酱曾经在《拜托了冰箱》节目中分享了自己对于婚姻和家庭的观点，引起了热议。papi酱在节目中坦言自己结婚以后每逢过年，自己和老公都是各自回家过年，双方亲属从谈恋爱到结婚都没有见过面。看到这个节目，很多朋友都会有所担心，认为两个人圈子没有交集会无法更加接近对方，于是很多朋友问了我一个问题——爱一个人是不是一定要融入他的圈子？看了那个视频以后我自己也想了一下，两个人成为情侣之前你们就是不一样的人，拥有不一样的圈子和生长环境，如果强行融入对方的圈子让你或者对方感觉不自在的话，为什么还要纠结呢？当然，除了双方父母。

上周周末，马克的女朋友柳柳和朋友们聚会完要马克来接，但没有想到他快赶到的时候，柳柳只是简单发条短信，就和朋友们打车走了。事后两人为此吵了一架，马克认为柳柳是因为回避自己，所以和朋友先走了，而柳柳说自己只是不想让朋友们久等。

让马克耿耿于怀的是，和女朋友交往已经五年了，他经常带她和自己的朋友见面，家人也见过好几次。但是，柳柳没有带他见过任何一个朋友（只是带马克见过一次家人）。他不理解她所说的“朋友不多，没必要见”。在他的心目中，去见女朋友的好朋友，意味着她和朋友们对他的认可和接纳，也是顺理成章的事情。他经常在想，是不是她不够爱他，才会这么做？

有些人说，想要真正地了解一个人，就从他身边的人了解。如果他敢把你带进他的圈子里，从一定程度上就可以说明他对你的信任以及爱意，因为亲朋好友往往是那个“猛料”最多的人。两个人恋爱初期可以不涉及彼此之间的圈子，但是交往到一定时日，适当融入彼此之间的圈子是有一定的必要性的。恋爱中的人荷尔蒙分泌旺盛，容易给另一方造成假象，而后就容易演变出“你变了”或者是“你以前不是这样的”等微词。所以在甜蜜恋爱的同时，也要看到真实的彼此。对此，进入对方圈子也是一个你了解真实的他的方式。

成人的四种依恋类型包括安全型、恐惧型、疏离型、痴迷型。这四种依恋类型，是根据“回避亲密的程度”和“是否焦虑于被抛弃”两个维度来区分的。“回避亲密”程度高的人，在与人亲密时会感到不舒服，程度低的人则会在亲密关系中感到轻松；“焦虑被弃”程度高的人，会害怕他人离开自己、没有给自己足够的注意力，程度低的人则不会担心。不同依恋类型的人，需求并不相同，其对待恋人朋友圈的态度，也会有所不同。

因此认真分析自己和伴侣的依恋类型，坦诚表达你们在朋友问题上的真实感受十分必要。痴迷型依恋关系的人更渴望亲密无间，而疏离型或恐惧型的人害怕过于亲密，会想要逃跑，很多像柳柳一样疏离型的人，会拒绝另一半进入他的朋友圈。排除“备胎”“不认可”“时机不成熟”等原因，有时候他们也只是在渴望能有更多的独立空间而已。或许空间感正是他在过去经历中最渴望的。我们只有花更多精力，去读懂那些对方表达爱的“反向”语言，才能找到彼此都舒服的方式。其次，我们需要明白的是，伴侣和自己的关系并不是全部。除了伴侣这个角色，他还是他自己，也扮演着朋友、子女、同事等其他角色。

就像柳柳一样，独自与朋友在一起，适当地放松后，才有更多的好心情留给家人。她把很多小秘密分享给闺蜜，能够得到同性伴侣的支持和理解，才更有可能客观看待你们彼此的关系。与其花更多精力在是否要融入伴侣的朋友圈上，不如修炼内功，照顾好自己的身体和情绪。培养出一种，无论是单身还是有伴侣，都能过得开心的能力。当我们照顾好自己的内在情绪时，也更有潜力去成为安全型伴侣。你不必再纠结怎样进入他的朋友圈，因为他的朋友会主动想认识你。

夫妻之间既要保持亲密，更要保持距离，给对方适当的空间也是给自己空间。如果你学会保持正确的距离，你会得到无尽的甜头。有一个幸福的公式是：9分信任+1分放手=10分相爱。

# 给彼此一个秘密花园

我必须是你近旁的一株木棉，
作为树的形象和你站在一起。
每一阵风过，我们都互相致意，
但没有人，听懂我们的言语。

很多人都说“婚姻是爱情的坟墓”，因为经历过浓烈的爱情之后，平淡的婚姻让他们无所适从。两个人一起生活的时间越来越多，却感受不到更多的亲密。于是，失望接踵而来，越是失望，便越是偏执。很多女人产生了依赖心理和讨好行为，以为是自己的问题，所以加倍依赖另一半，做了很多努力，却发现渐行渐远，心态更加失衡。有时候，婚姻就像手中的风筝线，你抓得越紧，越怕失去，反而越容易断裂。

前段时间看到一位读者发来的私信，抱怨丈夫总是不理解她。她说自己想要和丈夫关系更亲密一些，所以让他下班就待在家，多陪自己看看电视剧，周末也要一起逛街。但是丈夫呢，做这些事时的兴趣都不大，有点时间就喜欢和他的朋友们跑去茶馆研究茶叶，让她十分苦恼。看完她的描述，我就发现了他们之间存在的问题，没有什么比每天都生活在一起的人，各自没有一点私人空间更可怕的了。

日本有一对“最甜蜜老夫妇”的故事。在日本春日井市有一间田园木屋，房前屋后种着樱桃、桔子、梅子、柚子等果树，有白菜、茄子、黄瓜、西红柿等蔬菜，一共种了180棵树，还有50多种水果、70多种蔬菜……一年四季，自给自足。

这就是90岁的修一和87岁的英子的家。修一是日本建筑师、大学教授，英子是一名普通的家庭主妇。俩人结婚65年几乎没有吵过架、红过脸，还把自己的生活写成随笔集——《明天也是小春日和》。他们每天种菜、施肥、挖土豆、挖竹笋、摘樱桃、做饭……生活平淡惬意。

不少人以为，他们的婚姻这么幸福，一定是有很多共同点吧？事实上，两人的性格完全不同。为什么他们却能维持65年的幸福呢？

修一和英子维护彼此私人空间的方式很特别——写留言板。家里和菜园的每个角落，处处都是修一做的黄色留言板。不管发生什么，他们从不互相责备。英子常忘记关水龙头，修一看到了，就会在留言板上写：“水都没关上，上哪儿去了？”英子看到后回应：“对不起，下不为例。”修一和英子的留言板交流方式，避免了正面冲突，把不满写出来，给彼此面对和消化问题的时间和空间，缓和情绪。私人空间，容纳着我们各自的工作圈、朋友圈、爱好圈，也容纳着我们的不满、愤怒、羞愧、内疚、骄傲等情绪。所以，修一从不擅闯英子的厨房，不干涉她的烹饪。修一每天要写 10 封信以维持和朋友的联系，英子也从不打扰他。

他们允许彼此有自己的空间做自己喜欢的事。有时候英子一个人挖土豆，有时候修一一个人挖竹笋，有时候俩人一起摘樱桃。他们可以在一起共处，也可以分开。在私人空间里，我们既能做自己喜欢的事，消化自己的情绪，也能给予和感受到对方的理解和接纳。

在婚姻关系中，双方最需要的是什么？是空间和自由。大美女李嘉欣自从嫁给香港富豪许晋亨之后，二人一直甜蜜如初。李嘉欣曾说过她在结婚前就和丈夫商量，即使嫁为人妻，她依然希望能够拥有私人空间，不想与丈夫分享。曾在接受采访时被问到如何保鲜婚姻，她回答道：“婚后我跟老公花了不少时间互相磨合，只要明白以及尊重对方的生活习惯，不要触及对方的底线，问题自然迎刃而解。”好的婚姻，是双方能够保持精神方面的距离，既可以坚守自我，又能够相互尊重。合适的距离感才是婚姻关系幸福的秘诀。

而我们大多数亲密关系是怎样的呢？要时刻黏在一起，发了疯似的索取对方的爱，总想依赖、占有，把对方变成自己取乐的所有物，把彼此的心理空间逼到角落里，令人窒息，心理距离也越来越远。而忘了一点，我们更需要的是“亲密有间”的爱。什么才是和伴侣相处的最佳状态呢？或许正如英国心理学家温尼科特所说，完美的相处关系是“窝在爱人的怀里孤独”。

暂时无话可说？没关系。想一个人待着？没关系。就算静静地躺在你的怀里，我也觉得很安全、自在、无拘无束。这是两人相处、信任的最高境界。很多人怕独立的空间会导致关系疏远，其实不然，相反这会为日常生活出现的矛盾提供修复的缓冲区。

再亲密的爱人间也需要距离，就像周国平曾说的那句话，“相爱的人给予对方的最好礼物是自由”。健康的婚姻关系是亲密有间的，有呼吸感的关系更长久。

很喜欢舒婷的《致橡树》中的诗句：“我必须是你近旁的一株木棉，作为树的形象和你站在一起。每一阵风过，我们都互相致意，但没有人，听懂我们的言语。”婚姻中最美妙的模式，亦是如此。树根吸收水分，树叶拥抱轻柔的微风，我们并肩而立，相互依存，又各自独立，我们彼此创造出最和谐的共生状态。

# 高级的相处，是云淡风轻

对的爱，彼此愉悦；
错的爱，彼此消耗。

不可否认，我们每一个人或多或少都会想要控制住一些事物或某个人，只是欲望强不强的问题。对于不强的情况，应该说是简单的占有欲，占有欲一旦过于强烈，就变成了控制欲。

控制欲其实是内心恐惧、不自信，从而缺乏安全感的表现，因此希望通过控制一些人或事物来给自己带来安全感。那些谨小慎微、追求完美、心里总不踏实的人更希望控制别人。这种强烈的控制欲会让对方感觉到被束缚、压抑，会觉得没有自由，没有空间，时间长了，对方就会反感，想要逃避你。

刘嘉玲在《女人有话说》里和谢依霖、奚梦瑶、苏芒一起聊起婚姻话题，谢依霖和奚梦瑶向刘嘉玲讨教成功婚姻的秘诀。刘嘉玲的话值得玩味，她说："婚姻要靠忍耐，长久的婚姻肯定是相互的，你以为是在忍别人，可能人家也在忍你，你以为你好弄啊！"这让奚梦瑶觉得不可思议，随后坦言："我控制欲还蛮强的，不管是工作还是什么，我希望对方所有的事情按照我的方式来。"

刘嘉玲听了奚梦瑶的话，提醒她："婚姻里最完美的控制就是不控制。"

亲密关系最怕的是干涉和改变，干涉对方做自己的自由，改变对方成为你想他成为的样子。我们爱上一个人，往往开始爱上的并不是这个人本身，而是自己理想中的伴侣。一旦对方达不到你的期待，就会失望、愤怒，从而不断要求他，试图改变他。有多少姑娘，婚后经常说这样的话："他变了，我对他太失望了。""这样的生活根本不是我想要的。"有多少男人，婚后要求自己的老婆："你就不能看看XX的老婆。""你就不能像她那样？"事实上，并非对方真的很糟糕，不过是你对伴侣的期望过高，以及你只能接受他的优点，却不愿接受他的缺点。

人生90%的烦恼都是庸人自扰，90%的失望都源于你过度的期望。每天夜晚开车听《男左女右》栏目时，我很喜欢韩力这样一段话，"真正的爱从来不是去寻找一个完美的人，而是要用完美的眼光，去欣赏一个并不完美的人"。

在《金星秀》中，金星问刘嘉玲，怎么看待梁朝伟跟张曼玉的绯闻。刘嘉玲云淡风轻波澜不惊地说："可能你知道的比我更多，我知道的就是这么多，就是一个美丽的故事。我觉得如果他真的喜欢张曼玉，我也挺开心的。让他决定就好，她也是一个很优秀的女演员。”一句“美丽的故事”，是她的气度、她的格局、她的云淡风轻。

往事不必再提，人生已多风雨。不是吗？她坦诚告诫女孩子：“你要在你独立的人生世界当中，去追逐更美好的自己。”她的感情里从无“控制”这两个字。多少人都说她配不上深情的影帝，而梁朝伟却说：“嘉玲是我的驱魔人。”好的婚姻里，从来就彼此牵绊纠缠，多的是相互的理解和宽容，尊重对方的选择，给对方足够的空间。

任何强烈的控制欲都是源于自私的爱，习惯性地用自己的标准去要求别人，认为自己为对方付出了多少，那么对方也应该回报自己同等的爱。一旦你的付出夹杂了条件，你的痛苦就开始了。

在这错综复杂的世界里，遇到一个相爱的人不容易，然而我们都是不一样的个体。为了爱情，我们放下骄傲，彼此融合。最好的关系，从来不是颠覆自己的迁就，而是双方眼中，看到的是最真实的彼此。

好的婚姻，靠的从来不是捆绑和控制，而是吸引。对的爱，彼此愉悦；错的爱，彼此消耗。成年人守护爱情和婚姻的方式，不必互相迁就，只需相互守望。最高级的相处，是云淡风轻的舒适。

# 千万别把自己弄丢了

婚姻家庭只是生命的一部分，并不是所有。
希望你在成为别人妻子和妈妈的同时，
也能想想“你是谁”。

张小娴说过：“当一个男人，泥足深陷地爱上一个不爱他的女人，注定要放弃自尊。”女人也一样，“一个女人，死心塌地爱上一个不爱她的男人，注定要成为悲剧”。在婚姻生活中，总是有做不完的事情占用了女人的时间，这些都让女人无暇顾及自己。更多的时候，是女人甘愿把自己贡献给了家庭。

嘉欣是个美丽温柔的女人，婚前的她在职场上有让人羡慕的工作，收入不菲，身边总是围绕着精英。当她和她的白马王子走入婚姻殿堂后，她的生活一下子改变了。因为

老公时间自由，需要她经常陪伴出行，她辞了职；由于经常和老公旅行，她和朋友们的联系越来越少了，甚至连自己的家都要一个月才能回一次；她的生活重心一下子只剩下了老公，和老公的朋友们。就这样，日子一晃就是十来年，嘉欣从一个独立女性变成没有老公就寸步难行的“小女人”，可生活就是这么爱跟你开玩笑，突然有一天，嘉欣的老公对她说：“我们分手吧。”那一刻，嘉欣的天都塌了，她突然发现，她身边连给她出个主意，陪她哭一哭的人都没有了。

离婚后的嘉欣，没有了朋友，没有了工作，更由于长时间有老公的保护，她连自己出行、自己独立度过一天的能力都没有了。这时候的她，像孤独地站在沙漠中无援的落难者，没有依靠，更没有能力生存、自救。

这时的嘉欣意识到，原来在这场婚姻里，她把自己丢了。沉迷了一年之后，嘉欣决定重新出发。她开始学习各种各样的东西，培养兴趣，培养生存技能；她从零开始建立新的朋友圈子，她择友的标准是有乐观的生活态度、真诚的心和智慧的头脑；她开始看书，在书里，她汲取了滋养心灵的养分，收获了更高维度的视角。就这样，时间一点点积累，她的羽翼渐渐丰满了，她开始重拾了自信，她拥有了更加耀眼的光环。现在，她

又吸引了众多优秀的追求者，当她面对新的婚姻选择时，她坚定地告诉自己："这一次，不管他是多么爱我，多么强大，我都要永远保留我自己的世界，我必须成为自己生命的主人。"

许多女性都把丈夫的人生当成了自己的，似乎结了婚之后，双脚就不再走自己的路，而是每一步都踩在丈夫的脚印里。失去了独立的精神、独立思考的能力，将自己人生方向的舵交到丈夫手里。爱情带来的美好，容易让一个女人沉沦其中，无论是为对方付出，还是享受对方的温柔，都能让女人心情愉悦。这种愉快的感觉是女人在婚姻中一点点交出自己，而毫无察觉的过程。

一个习惯性交出自己，全部依附男人的女人，会把自己变成他喜欢的样子，为了他改变自己。但是，生命不仅仅是爱情，婚姻更不是靠一味地付出和讨好来维系的。经营好一段婚姻，更重要的是你有没有能力经营好自己的人生。有句话说得特别好，"如果你喜欢一匹马，不要去追它，因为你肯定追不上。你该去种花种草，等到草长莺飞的季节，马自然会来到这片绿草如茵的地方"。

女人可以好好打扮自己，但同时不要忘记内在的提升，因为再好的容颜也扛不过时间，唯有内在的丰盈才能让你魅力常驻。记住一点，"男人因你的美丽而停下，因你的智慧而留下"。

女人在婚姻中要保持自我，让自己长成一棵挺拔的树，而不是攀附的藤。卸除对丈夫的依赖，不管什么时候，要确保一点，如果离开他，你一样有能力生活下去，甚至可以活得更好。

要有自己的爱好，它是让你快乐的精神源泉。你可以唱歌、画画、插花……只要自己喜欢，就要给自己留一点时间和精力投入爱好中。

此外，女人要有自己的圈子，这个圈子可以是闺蜜，也可以是一起学习的同修，找到可以听你倾诉的人，缓解你内心的压力，给你支持和引领。

当你拥有了这一切，你才拥有真正平等的婚姻和不消退的爱。

婚姻家庭只是生命的一部分，并不是所有。希望你在成为别人妻子和妈妈的同时，也能想想“你是谁”。人生最好的旅程，不过是遇见最好的自己。

Chapter 6

第六章

# 接受不同，让『我』成为『我们』

生活中没有对错，只有角度不同。只有用包容接纳的方式去对待伴侣，才能真正走入对方的内心，和谐相处。

懂爱：高情商经营婚姻

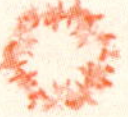

## 懂你比爱你更重要

相爱需要激情，相处需要智慧。只要用心，就没有做不成的事。

记得以前看过一些介绍各个国家的风俗的书，其中有一个故事讲到德国的某个村落有一个古老的风俗。

在结婚仪式之前，新郎和新娘会被带到一片空地上，空地上有一棵被砍倒的树和一柄双手柄的锯子，用来将树锯成两半。这对要结婚的夫妻需要各自抓着锯子的一头，将这棵树锯断。如果他们之间各自为政、缺乏默契，他们就会容易彼此较劲，不但无法锯断那棵树，还容易起到相反的效果甚至弄伤彼此；如果其中一方想要自己主导或是独立完成所有的事情，就算另一方愿意让步，这个任务虽然也可以完成，却会多花一倍的时间；而想要快速有效地把树锯断，他们双方都必须先学会认真仔细地观察了解对方的出力动作，而后尝试着相互迁就和协调，一起配合着将树木锯断。

在婚姻当中，夫妻之间的相处往往也是如此。最初我们都是两个单独的个体，有着各自的生活习惯、兴趣爱好以及生活圈子，做很多事情的时候都是只需要满足自己的想法就行了。而当我们开始恋爱和步入婚姻之后，我们则需要学会如何去与对方相处，我们会改变一些自己原有的生活习惯或者兴趣爱好去适应和配合对方，就好像是放下一半的自己去迎接另一个人的一半融入自己的世界当中。

在我的"懂你比爱你更重要"课堂上，我让每个学员在一分钟之内写出他最爱的人的十个性格特点，不管是优点还是缺点。没想到，就是这样一个无比简单的测试，却难倒了很多人。很多人都手足无措地写下最基础的几点，如性格温和、任性、喜欢一个人待着、强势霸道等。再往下，似乎对对方就一无所知了，而对他为什么性格温和、任性以及喜欢一个人待着，也是不明白。通过这样一个小小的测试，我们不难发现，我们都打着爱的名义，去要求对方、指责对方，但其实我们连爱的人是谁都不了解，更何谈所谓的理解和包容呢？一切没有共情的理解都是假的，一切不是以了解为基础的包容，都是暂时的。只有真正了解自己和对方的性格与天赋之后，做到的包容才是真正的包容，那不仅仅是包容，还是接纳和爱。

这几年来，我做的一万多例心理咨询个案中，80%的人为情感而来。她们会抱怨，恋爱和婚后的他不一样，生活和工作中的他不一样，对朋友和对自己的态度不一样。这确实是很让人苦恼的问题，若没有通过学习，更多的人可能会把这种差异归结于他不爱我了，他不再关心、重视我了，等等。当自己质疑自己魅力和价值的时候，控制和不安就会滋生。婚姻的小船出现了第一个漏洞。

但当学员们学习了课程之后，通过性格测试工具了解每一个人与生俱来的性格，他就像揭开眼前神秘的面纱，清晰地看到，所有的问题都没有你想象的那么复杂，原本就只是一个人天性的流露，遵循自然而然的相处规则即可，不必过分紧张。了解这一层后，恋人们发现，对方没有改变什么，但他们感情更好了，因为你的心放松了，你们的心真的相连了。

阻碍夫妻之间互相了解的最大因素不是两个人之间的相处模式，也不是什么沟通技巧，而是对彼此的态度，即能不能接纳对方和自己的不同，不能接纳对方的喜好和特质，不能接纳对方的缺点，即使自己不喜欢，也能做到不因差异而否定对方。只有用包容接纳的方式去对待伴侣，才能真正走入对方的内心，和谐相处。

生活中没有对错，只有角度不同。尝试走进对方的心，用他的眼睛看看世界，看看自己，你会获得不一样的答案。相爱需要激情，相处需要智慧。所有的结合都是一个原因——爱，而所有的分开同样是一个原因——性格不合。哪有真正的性格不合，无非是你愿不愿意懂他，再学会一种和谐相处的方法罢了。这世界，最怕用心二字，只要你用心了，就没有做不成的事情。

# 男人需要被崇拜，女人需要被宠爱

再弱小的男人也需要被崇拜，
再强大的女人也需要被宠爱。

男人和女人的需求有三大不同、五个相同。

男人的第一需求是性，女人是被宠爱；男人的第二需求是被尊重被崇拜，而女人是安全感；男人的第三需求是渴望自由，而女人是渴望被关注，被及时回应。

男人和女人有五个共同的需求，即被需要、被信任、被肯定、被理解、被支持。

在生活中，最容易被人忽视的就是男人的“被崇拜”和女人的“被宠爱”。

朋友君君是一个温柔、漂亮又能干的女生，她和老公从相恋到结婚恩恩爱爱，他们是朋友公认的模范夫妻，可十年后的一天，他们突然分手了。

君君的老公是一个内向、腼腆的男人，而君君则非常干练。

在他们共同的朋友圈里，君君性格明朗，做事麻利，帮朋友们组织活动时，好像只要君君在，大大小小的事都能搞定，慢慢地，朋友们都半开玩笑地说：“以后只要君君在就行了，你老公来不来都无所谓啦。”

开始君君还沾沾自喜地认为自己的优秀获得了大家的欢迎，是件很骄傲的事情，越来越热情地发挥自己的能力，在朋友聚会上也尽显自己家中主权的威风，对老公不理不睬，更不听他的意见。

渐渐地她发现，老公越来越冷漠了，朋友聚会时，别人的老公都百般宠爱自己的妻子，看着别的女孩幸福地被照顾着、宠着，两个人像树上的一对麻雀似的，亲亲热热，而自己的老公走路也不和自己一起，吃饭也离着远远的，说话语气也不亲热。君君看着身边的朋友们，再看看自己，虽然她们没有自己那么“优秀”、能干，但她感觉自己卑微极了，失去了老公宠爱的她，越来越不敢参加朋友聚会。

在朋友中间，她觉得自己像一朵枯萎的花朵，丑陋无比，她感到众人的眼光中都是同情和蔑视，她“乞求”她的老公在朋友面前多“照顾”她一点，哪怕演一下呢，给她留一点”虚假“的面子。

这样的生活让她越来越累，在朋友面前，她的头越来越低，她不明白为什么，曾经那么恩爱的感情，现在却如此冷漠。直到她的老公跟她说“我们分手吧”，她才觉得解脱了。

后来，多年之后，君君通过不断的学习，不停地向身边美满婚姻的家庭请教，突然领悟了，她曾经认为她在自己的婚姻中什么都没有做错，她牺牲事业，为老公付出了一切，自己是真正的“受害者”。可事实并不完全是这样的，她忽略了男人在心理上的需求，忽略了男人最基本的尊严。男人需要的不仅仅是衣食住行上的照顾，更需要你的仰视，需要你在众人前对他的依恋和崇拜，而不是所有的风光都是你一个人的，一个人独占鳌头，最后只剩下你一个人。

在两性相处的艺术中，有一条简单的爱情黄金定律，“男人需要被崇拜，女人需要被宠爱”。

其实，男人最原始的内心里都有一个自卑情节，总是担心自己的身材不够高大、长相不够英俊、身体不够强壮、才华不够出众、能力不够突出，财富不够多……女人的认可和仰视能够使他内心的自卑感慢慢地减少，变得更加自信。所以，如果他的妻子不崇拜他，他的感情就会慢慢倾斜，直到另一个崇拜他的女人出现。

因此，聪明的女人要善于发现自己男人身上的优点和光环，发自内心地去爱他、崇拜他，并鼓励他自信飞扬，成为更好的人。得到你的崇拜的男人，自然会给你最想要的，那就是他的温柔和无尽的宠爱。这样的循环中，男人在女人的崇拜中越来越高大，女人在男人的呵护中越来越温顺，如此的夫妻关系，才是刚柔互补，琴瑟和鸣。

再弱小的男人也需要崇拜，再强大的女人也需要宠爱。男人开疆拓土不就是为了取悦女人，女人风华绝代不就是为了有人疼爱，这是男性与女性最天然的需求，也男人和女人尊严感的根源。每段感情，都要学会从自己身上找问题，那时你会发现，是你亲手制造了你的婚姻。

# 婚姻里没有理所当然

没有谁天生该对谁好，
所以，我们要学会感恩。

世间既不存在无缘无故的爱情，也不存在只愿付出不图回报的感情，即使有，这样的关系也注定不会长久。那些能长久维持的感情一定是你敬我一尺，我还你一丈，有来有往，方可经久不衰。而中国式婚姻的悲剧，大多源于把对方的付出看作“理所当然”，正是因为这四个字，多少爱情无疾而终，多少夫妻分道扬镳。我们中的很多人都会顺理成章地陷入一个误区，可以感恩父母、朋友、同学、同事，甚至是对陌生人都可以伸出援手，唯独对自己的爱人却从来不知道感恩，还经常会说：“我们是夫妻，不需要那么客气。”

其实爱情里最厉害的磨损，从来不是突如其来的第三者，而是“理所当然”的无情消耗。当你把对方内心澎湃的所有付出都视作理所当然时，却忘记了他给你的所有体贴、照顾、陪伴、原谅和妥协都是出于爱，而绝非理所当然。心理学上说，对一个人的付出不予回应，或者是只表达失望和不满，是对一个人付出的最大扼杀。

演员刘涛嫁给富商王柯不久，赶上金融危机，王珂的事业遭遇重创。然后，他开始失眠、抑郁，胡言乱语，乱摔东西，每天靠服用大量药物维持。很多人觉得，刘涛守着这样一个人不值得，明里暗里劝她早点脱身。但刘涛说:“我既然选择了他，就不能放弃他，就算所有人背弃他，我也要陪着他。”

之后，刘涛开始了拯救丈夫的行动：到处求助专业医师，把药偷偷换成维生素或医生开的替代药物。不仅如此，怀有身孕的刘涛还经常带着丈夫外出散心，分散他的注意力，帮助他逐渐消除了药物上瘾的症状。为了帮王珂还债，刘涛开始复出拍戏。四年的时间里，她接拍了25部电视剧和无数的广告代言，在还清了丈夫所欠的四亿债务的同时，也再次登上事业巅峰，名气与身价倍增。

后来，走出事业困境的王珂，特别感恩刘涛的付出，多次表达对妻子的感激，还曾在微博里写道:“五年了，谢谢你的情比金坚！”刘涛外出拍戏时，王珂经常带孩子去剧组探班。有一次，刘涛过生日，王珂在酒店里用电饭煲亲手做了个蛋糕，把刘涛感动得热泪盈眶。他还经常陪刘涛讨论剧本，给出一些好的建议，以实际行动回报妻子当年的不离不弃。

电影《十二夜》中张柏芝和陈奕迅分手时的争吵，让无数女性泪流满面，那句“是不是我越紧张你，越对你好，你越是嚣张啊”，听着扎心又真实。在婚姻中，当一个人把另一个人的付出，看作理所当然而无动于衷的时候，往往是婚姻出现变数和危机的前兆，这样的预警在婚后几年经常会响起。那时夫妻间的感情日趋平淡，会走进一个越亲近反而越刻薄的怪圈，这其中很大的原因就是面对另一半的真心付出，不再心存感恩，不管对方做什么都认为是应该的。殊不知，这种“理所当然的付出”已成为婚姻中的一大隐形杀手。在婚姻里让人痛彻心扉的莫过于“我把你当丈夫，你却把我当保姆”。

结婚时的李安既没工作，也没事业，更没成就，是典型的“三无”人才，他在家“闲置”了整整六年。全家人的生计都靠妻子一人维持，他的“主业”是煮饭、接送小孩、分担家事。当李安在家感到无聊时，妻子就会点醒他：“你不拍片就像个死人一样，我不需要一个死人丈夫！”李安在自传里说：“妻子林惠嘉从不要求我一定出去工作。她给我充足的时间和空间，让我去发挥、去创作。”在李安那默默无闻、一事无成的六年时间里，妻子一次又一次地对李安说：“安，要记得你心中的梦想。”1991年，李安带着《推手》亮相。他只用了24天，就拍完了这部电影，并一举夺得第28届金马奖的三项大奖。

但受尽折磨的又何止李安一人，林惠嘉不是圣人，没有未卜先知的能力，她面对年复一年的困境，也曾有过绝望哀痛的时候。她会打电话向妈妈诉苦，然后擦干眼泪，继续任劳任怨地养家糊口，相夫教子。终于，她等到了丈夫破茧而出的那一天。李安为了感念妻子一路以来的不离不弃和支持鼓励，成名后，每逢典礼晚会，都要带着妻子一同出席。他对妻子的爱从不吝啬，他曾说过：“要不是碰到我太太，我可能就没有机会追求我的电影事业。”

知乎上有个问题：什么样的夫妻最幸福？其中有一个回答获得高赞：感觉自己幸福的夫妻最幸福，即身在福中而知福。是的，知福才会幸福。幸福不是你想要什么，而是带着爱和感恩珍惜你已经得到的。婚姻中，只有互相感念对方的好，并热情回应，让对方感受到你回馈的爱与温暖，才会形成良性循环，一直幸福下去。

《苏菲的世界》里有这样一句话，“没有谁天生该对谁好，所以，我们要学会感恩”。夫妻也是如此，懂得彼此感恩，就会对爱人少一分挑剔，多一份欣赏；少一分抱怨，多一份怜惜；少一份指责，多一份宽容。只有真心付出的人才会收获真心。不妨尝试着对自己的爱人这样说：“你歇着吧，衣服我来洗。”“周末别加班了，不就少吃一顿大餐嘛，还是身体最要紧。”“为这个家你辛苦了。”

人与人之间的交往没有谁天生应该对谁好。我们对待别人的好，应该心存感恩，夫妻亦是如此。其实，在漫长的婚姻生活中，真正能让人在某个下雨的午后，捧着一杯热气腾腾的咖啡凝神回顾的，可能就是你生病时他为你煮的那碗粥，你被家庭和工作折腾得身心疲惫，委屈地哭泣时，他给你的那个温暖的拥抱。

“感恩“是一个多么美好的词汇啊，她闪着火花，带着爱，将世间一切悲凉融化。指尖上流走的光阴，默然不语；心里面洒下的阳光，与爱同在。家，永远是你累了想停泊的港湾。

## 越能干的妻，越要会“示弱”

学会“示弱”是一种勇气，
更是一种智慧。

不知道你有没有发现：那些在婚姻里幸福的女人，往往都很会示弱。这里所说的示弱并非懦弱，不是一味地听从对方的安排，而是一种以退为进，以柔克刚。

老子的《道德经》中多次提到关于“柔与弱”的哲学。

“人之生也柔弱，其死也刚强”——人活着就要柔弱，只有死了以后才是僵硬的。

“天下莫柔弱于水，而攻坚强者莫之能胜，以其无以易之”——天下再没有什么东西比水更柔弱了，而攻坚克强却没有什么可以胜过水，因为没有什么可以真正改变它。

由此可见，女人真正的武器不是刚强，不是无坚不摧的外壳，而是温柔的存在，是融化万物于无形的柔软。

电视剧《清平乐》中，曹丹姝曹皇后是一个典型的大家闺秀，她端庄优雅，事事遵守规矩，堪当后宫典范。在与官家，也就是她的丈夫宋仁宗相处的过程中，也是带着那一份矜持，事事讲规矩。作为皇后，她自然是做得面面俱到，让人无话可说，可在与自己丈夫的相处中，她似乎并不是那样顺利。当官家犯了错，曹皇后跪地直言进谏，与官家针锋相对，句句不退让更不肯服输，丝毫不给官家面子，以致最后官家说道："你到底是我的皇后，还是御史中丞？"

官家想着皇后乃将门之女，想通过与她讨论用兵之道来好好跟她聊聊天，增进一下彼此之间的感情。结果，曹皇后没有理解到这层心思，讨论用兵之道便只谈战场，还用自己的胭脂水粉在图上标记。看着曹皇后满门心思在讨论军事上，官家也只好扫兴而归。我们可以说曹皇后是不解风情，但也不难看出她很想在丈夫面前表现自己，想通过证明自己能力的方式来让对方喜欢自己。只是这种过于强势的方法有些不堪用，因此在与官家相处的过程中不像夫妻，更像是君臣。曹皇后虽然一生对自己严格要求，从不敢行差踏错半步，但她的感情生活却不如人意，对于一个女人，始终是最大的遗憾。

其实，这里所说的"示弱"，不是女人精神不独立，也不是让女人失去自我，对男人言听计从，更不是毫无原则地妥协退让，而是不独断专横，事事与男人争个高下，在看似"无我"的相处中，既让对方感受到男性的尊严，又不失女人的原则，这才是真正的大智慧。试问能够撑得起天下的女人，哪一个是弱的？

《清平乐》中另一位角色，也是历史中宋仁宗最爱的女人——张贵妃。她的出现让我们看到了与曹皇后对待爱人完全不一样的方式。她是爱官家的，且满眼满心里都是他。剧中，在她见到了许久未见面的官家时，直接扑向官家，哭着喊着说想念官家。并且，她总跟官家强调，在这深宫之中，她能信的只有他一人。张贵妃其实很聪明，她懂得在感情里，表现出一种需要对方、依恋对方的感觉。剧里成熟稳重、深明大义的曹皇后受官家冷落，而骄纵的张贵妃却屡获恩宠。其实这也是因为张贵妃懂得示弱，她让官家感受到了一种被爱、被需要的事实。而曹皇后事事逞强，处处讲理分对错，终会让这段感情慢慢变得冷淡。

其实在感情中，很重要的一种关系，就是“被需要”，这种关系是双方价值感的体现。大到家庭中买房买车孩子上学，小到拧一个瓶盖、提一袋米，点点滴滴的积累，都会慢慢形成一种被需要感。

记得我公司里的前HRD，她是个美丽又干练的台湾女人，年薪百万，情商智商都超高，当她面临离婚时，我们所有人都无比惊讶，这样的女人怎么可能离婚呢？后来，我们才知道，原来她的老公就说了一句话：“我觉得你不需要我，家里连灯泡都是你来换。”原来，就是这么简单，又是这么意外，生活中不是做得多的就得分最多，相反，适当地留一些题给对方，才是为妻之道啊。那一刻，我豁然明白了。

会“示弱”的女人，会把心里的想法以丈夫能接受的方式让他知晓。不吵闹，不抱怨，有时撒个娇，说句好话，老公很享受，自己也过得不累。你若是不想做饭，不妨对丈夫说："老公，你做的红烧排骨最棒了，今天好想尝尝哦！"你若想让他分担家务，不妨说："老公，今天我不舒服，你可不可以洗衣服呀？"

简简单单娇滴滴的一句话，既解决了自己的烦恼，又让老公体会到价值感，难道幸福不是很简单吗？

在两性关系中，学会"示弱"是一种勇气，更是一种智慧。会低下身段的人，是真正的高大；会谦逊好问的人，是真正的博学；会"示弱"的女人，是真正的强大。

## 做伴侣与你原生家庭之间的桥梁

在伴侣和父母中间，“传话筒”是一个非常重要的角色，既是沟通的桥梁，也是“和稀泥”的担当。

有人说，谈恋爱是两个人的事，结婚却是两个家庭的事。两个人相处容易，但融入对方的家庭却很难。金星在《掷地有声》中这样写道：爱情可以抛开生活去谈，但是婚姻不行，婚姻是件不简单的事，从三观到生活习惯，从亲戚关系到夫妻沟通，两人都会遇到各种各样的困难。真正爱你的人，永远不会让你失望。他会坚定地站在你身边，和你对抗所有艰难困苦。

对很多人来说，结婚前一般都会有些犹豫。这其中除了担心两人的未来生活外，也会对自己能否融入对方的家庭感到担心。毕竟现实中，有太多因为与对方家庭关系不和而导致离婚的例子了。确实，因为观念和生活习惯的不同，与对方家庭有些矛盾也在所难免。关键在于作为丈夫或妻子，要怎么去化解矛盾。发生争执时，有的人总是保持沉默，不会为你多说半句好话。实在逼急了，就用一句“我爸妈把我养大也不容易，你让让他们怎么了”来反驳你。

心理学家武志红说：“如果夫妻关系是家庭核心，拥有第一发言权，那么这个家庭就会稳如磐石。相反，如果亲子关系凌驾于夫妻关系之上，就会产生两个问题，一是糟糕的婆媳关系，二是严重的恋子情结。”遇到这种人，不管你们以前爱得有多深，都无法长久地相处下去。他的一次次沉默，会耗光你对他的所有期望，最后在灰心失望中，不欢而散。

在我们的生命当中，家人和伴侣是最重要的两个角色，一个关乎我们的过去，一个关乎我们的未来。如果两者发生问题，我们夹在其中左右为难，这也就是为什么婆媳问题是困扰众多男士的问题，那么我们该如何解决这个千古难题呢？

甜甜和志新恋爱一年多了，已经到了谈婚论嫁的阶段，今年春节过后一个月两人高高兴兴地从外地回来，那天是北京刚刚停暖的第一天，屋里很冷，在从广州飞往北京的路上，甜甜对志新说：“你给你爸爸打个电话，让叔叔去帮咱们把屋里的空调打开吧，这样的话，回去晚了一进门屋里是热的。”

其实，这是多么简单的一件事啊，没想到，志新拿起电话就跟他爸爸说：“爸，你把

空调打开，屋里冷！”爸爸并不知道这是甜甜的需求，就随意说了一句，“我今天没时间过去”，志新紧接着又气鼓鼓地说：“甜甜让你必须去！”

就是这样一句话，让甜甜当场气晕，她觉得特别尴尬，更气愤的是，她的男友怎么连这么小的一件事都处理不好呢？这让她和未来公公婆婆的关系怎么处啊？叔叔一定会觉得自己不懂事！类似这样的小事一再出现，甜甜无比郁闷。

在伴侣和父母中间，“传话筒”是一个非常重要的角色，既是沟通的桥梁，也是“和稀泥”的担当。好的“传话筒”会巧妙地把两个人的意见传达出去，不但达成目的，还能让双方气氛融洽，婆媳尽欢，不好的“传话筒”就像志新那样，事情没办成，女朋友也生气，父亲也埋怨，双方都尴尬。

所以，对于准备踏入婚姻的男生和女生，你们首先要知道，自己不再是爸妈身边的小孩了，自己是大人，需要承担一个家庭的责任，成为三个家庭中间的纽带。你的言行不能再像在家的时候那样肆无忌惮、不顾后果，你必须考虑双方父母和伴侣的感受，他们相处得和谐与否，你是关键因素。不要总是一味地抱怨婆媳问题和夹心饼的痛苦，你看看自己有没有为这段关系做点什么，承担了什么。

很喜欢现在流行的一句话，“成年人的世界，没有容易二字”。是啊，女人在婚前都是父母手中的掌上明珠，结婚后不管想还是不想，都要承担起照顾公婆、相夫教子、在外忙事业、在家带孩子、有了委屈还要自己多忍着的角色转换。而男人，也要有自己的角色转换和承担，这个承担，既有承担起养家糊口的经济层面重任，也有在两个女人之间起到润滑作用、情感连接的精神层面需求。

一个情商高的男人，总是会让母亲和妻子都开心，而不会被婆媳关系搞得焦头烂额。

聪明的人让家变成游乐场，愚蠢的人让家变成战场。在处理伴侣和家人之间的矛盾时，一定要注意自己的态度和说话方式，切勿把自己当作法官，我们要的结果是大家都高兴，而不是分出谁对谁错。如果你把自己当成“公正”的法官时，只会让双方不断地揪出更多的问题，导致生活中出现一场又一场的官司与审判。

## 婚前挑缺点，婚后看优点

婚姻不是 1+1=2，而是 0.5+0.5=1。

“婚姻是爱情的坟墓，结婚以后才发现。”“当初嫁给他还不是看他老实，可结果呢？”“当初与父母闹翻也要嫁给他，可结果呢？”诸如此类抱怨的话，时常在婚后的朋友那听到。婚前看到的都是优点，而且是被无限放大的优点，已经掩盖所有的缺点和瑕疵；然而婚后，看到的都是缺点，甚至很小的事情都被无限放大，将所有的优点淹没。

避免这样的结果，最好的方式就是婚前睁大双眼，婚后闭上一只眼睛。也就是在婚前，两个人来个“坦白局”，将自己的诸多“毛病”一并列出，你要么照单全收，要么另谋高就。可是多少人有这样的勇气和智慧呢？

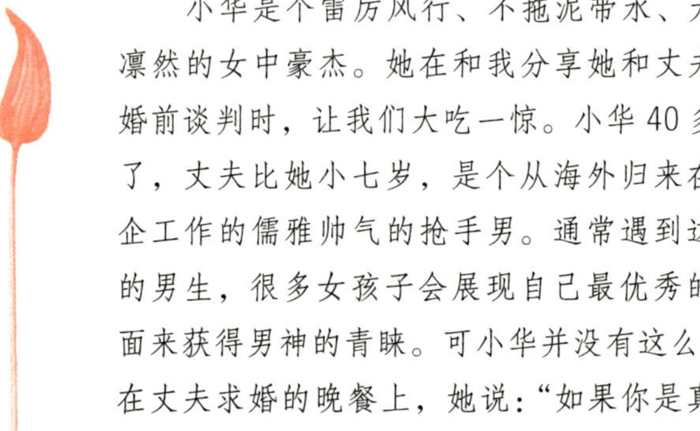

小华是个雷厉风行、不拖泥带水、大义凛然的女中豪杰。她在和我分享她和丈夫的婚前谈判时，让我们大吃一惊。小华40多岁了，丈夫比她小七岁，是个从海外归来在名企工作的儒雅帅气的抢手男。通常遇到这样的男生，很多女孩子会展现自己最优秀的一面来获得男神的青睐。可小华并没有这么做，在丈夫求婚的晚餐上，她说："如果你是真的想结婚，那我必须告诉你几件事，听完后，你好好考虑一下，再做决定。第一，我脾气不好。第二，我比你大七岁。第三，我很懒，不会做家务。"

小华就这样竹筒倒豆子一样把自己所有的缺点一五一十地都交代出来了。说完之后，丈夫更加温柔地看着她说："你说完了吗？我确定，我要娶的就是你，你愿意嫁给我吗？"就这样，她投入了丈夫温柔的怀抱，两个人离开了豪华的西餐厅，跑到了一家街边小馆，点了一只鸡，还有一大碗泡馍。她说："另外，我最不爱吃那什么西餐，以后别带我吃那种。"

就这样，他们在一起幸福地生活了，至今都甜蜜幸福，从没看到两人吵架。

有了这样的坦白和告白，还有几个人会说"我真是瞎了眼了，怎么这么多年都没看出你是这种人"的话呢？

电视剧《金婚》中，佟志与文丽相识之初，两人都被对方所深深吸引。在佟志眼里，文丽是最知性优雅的小学老师；在文丽心中，佟志是最温柔贴心的技术员。可是，恋爱与婚姻终究不同。恋爱是一个不断发现对方优点的过程，而婚姻，是一个不断发现对方缺点的过程。婚前情投意合的佟志与文丽，在婚后也是矛盾重重。看到佟志加班后连脚都不洗，一身臭汗就直接躺在床上，文丽便心生怨念，觉得他不再是那个有修养的文学青年。看到文丽娇生惯养太过挑剔，凡事总是小题大做，佟志便觉得她的完美形象也荡然无存。两个人怒目相向，互相指责。

婚前主要看缺点，婚后主要看优点。反之容易意难平，嘴唠叨，心不甘。不要动不动就后悔选错人，结错婚，不做好婚前把关和婚后提升，就算是和不同的人结婚，问题也不会减少，只是形式不同。婚前知道对方缺点，仍决定结婚的夫妻，一定是做好了接纳对方的准备，会大概率减少“跟你说了多少遍了”的絮絮叨叨和“我命怎么这么苦”的自怨自艾。

毛姆说过：“我对你根本没抱幻想。我知道你愚蠢、轻佻、头脑空虚，然而我爱你。我知道你的企图，你的理想，你势利、庸俗，然而我爱你。我知道你是个二流货色，然而我爱你。”结婚的充分必要条件，是就算知道彼此的极端缺点还想要在一起，而不是因为一句动人的承诺或一个浪漫的求婚。

林语堂的孩子曾这样评价他们的父母：“这个世界上，我实在找不出比我父母更不相像的夫妻了。”林语堂喜欢熬夜晚睡；廖翠凤追求作息规律。林语堂爱抽烟，生活邋遢，办事随性；

廖翠凤喜欢整洁，办事拘谨，品行端庄，很知礼节；林语堂是个浪漫主义者，而廖翠凤则是现实主义者。别人说林语堂在聚会上，常弄不清哪个是自己的酒杯，哪个是朋友的，但也不管，端起来就是喝。但廖翠凤呢？去百米外的地方买个豆腐脑，都要穿得整整齐齐，非常得体。然而这些差异并没有给他们带来任何不和谐不融洽，他们反倒像磁铁的两极，互相依存。

有一次，夫妇俩去游览雅典山上的卫城，当林语堂看见古希腊美轮美奂的建筑和湛蓝的爱琴海时，文人特有的情感一股脑儿地涌上心头，感动得差点落泪。而廖翠凤对此情此景却无动于衷，还在抱怨："我才不要住在这种地方，连买块肥皂都要下山，多不方便。"林语堂并没有觉得扫兴，相反，他觉得妻子真实、不做作，对这种态度很欣赏。

正如心理学教授约翰·戈特曼娜恩·西尔弗所说："对维持一桩有价值的、长久的感情生活而言，喜爱和赞美是两个非常重要的因素。"尽管幸福的夫妻有时也会因配偶的性格缺点而感到怅然若失，但是他们仍然能察觉到和自己结婚的那个人有值得敬重的地方。当夫妻双方完全没有这种感觉时，他们的夫妻关系也就走到了尽头。

婚姻不是1+1=2，而是0.5+0.5=1。是因为我们自身从原生家庭带来一个完整的1，然后在新生家庭中，把那个不完美的0.5去除掉，成为那个完整的1。生活中从来不缺少美，缺少的是发现美的眼睛。

Chapter 7

第七章

# 别让孩子成为『家族战争』的导火索

孩子应该是一份深深的牵挂，是夫妻关系的润滑剂，而不应是“横刀夺爱”的第三者。

# 不要让孩子“横刀夺爱”

孩子是夫妻爱的结晶，
是夫妻间沟通的纽带，
是夫妻间化解矛盾的最好武器。

前段时间papi酱在节目中发表的“自私论”引起不少争议，她在和朋友给生命中的人按照重要程度排序时，得出的结论是：自己、伴侣、孩子、父母。此言一出，在座的长辈都急了，这不是大逆不道、大错特错吗！不仅“以自我为中心”“重色轻友”，还严重违背了“百善孝为先”的优良传统美德。把孩子放在第一位，把伴侣尽量往后放，则是在场所有长辈的共识。

这其实也是我们传统父母的行为模式，很多夫妻一旦有了孩子，就会把全部注意力放在孩子身上，而忽略了伴侣的感受。久而久之，夫妻感情日渐淡漠，矛盾越来越多，关系越来越差。一个常见的家庭误区，就是“亲子关系”远大于“夫妻关系”。其实夫妻关系才是一个家庭的基石，只有当父母互敬互爱、关系亲密，孩子才能在一个充满爱的环境里健康成长。

儿女的降生，为夫妻双方带来了新的欢乐，许多家庭的生活也由此变得更加甜蜜。然而，也有不少夫妻的关系因为新生命的介入变得矛盾重重。妻子在生孩子之后最常犯的错误就是忽略丈夫，比如在照顾宝宝时手忙脚乱，根本顾及不到丈夫的需求；有的为了照顾宝宝，甚至和丈夫分床而眠。尤其在双职工家庭中，面临工作和生活的双重压力，加上养育孩子的劳累，会让妻子更烦躁，更没耐心，容易爆发家庭争吵。

有一位妻子就有这样的烦恼，她不知道该如何安排自己的时间，才能既满足老公的要求，也不漏掉对宝宝的照顾。“每天下午，宝宝午睡醒了后都要吃点东西，刚好那天我休息在家，趁宝宝没醒之前就榨好了橙汁。后来宝宝醒了，我给他穿上衣服，让他先坐在床上吃饼干，喝橙汁。老公看我给宝宝端喝的喂吃的，就带着点醋意说：‘怎么也不给我榨橙汁？’说的时候，嘴巴还一撇，有点无奈的样子。他当时的表情很有趣。后来我说，我下次给你榨吧，还和儿子吃醋呀。当时没放在心上，以为是老公故意在撒娇。可是，直到昨天晚上我才意识到，老公是真的和儿子吃醋了。昨天晚上，在我哄孩子睡着

之后，他说我不关心他，眼里只有孩子，没有他的存在，说得我挺难受的！想想我们结婚已经四年了，自从宝宝出生以后，我好像真的对他的关心太少了……”

有很多家庭因为孩子的到来，做母亲的就会倾注所有的精力到孩子身上，对丈夫的关心和关注就变得心有余而力不足了。很多身为妻子和母亲的女士都有这样的困惑，她们不知道该如何对待老公的吃醋，也不知道该如何处理这种新出现的尴尬局面。

人们都说，孩子是夫妻爱的结晶，是夫妻间沟通的纽带，是夫妻间化解矛盾的最好武器。所以，我们应该好好处理自己与孩子和丈夫之间的关系，不要让孩子成为夫妻矛盾的导火索。

贝贝的儿子出生那天，恰好是老公 30 岁生日。还真是凑巧，以后两个人只要过一个生日就可以了。不过，从他的第 31 个生日开始，他就成了配角，有时，他会无限惆怅地指着手上的手表说，这是五年前贝贝给他买的生日礼物。有时，他还会一个人把相册翻出来，那里面有他们庆祝生日时的欢乐记忆。今年照例如此，生日成了小寿星一个人的天下。贝贝的老公虽然也很高兴，但明显有些失落，毕竟，以往的 30 年里，这一天是属于他的。聪慧的贝贝看出了老公的心思，

心里暗暗盘算着怎么才能抚慰他受伤的心灵。

贝贝不动声色地回了自己的房间。十点多的时候，估计老老小小已经睡熟，便推说肚子饿，让老公陪着出去吃点东西。贝贝知道附近有家咖啡馆不错，环境幽雅，营业时间直到凌晨两点，这个时间人已经很少，他们点了咖啡和牛排。当贝贝拿起桌上的假玫瑰花，深情地对他说生日快乐的时候，他才回过神来。贝贝又借店里的钢琴很笨拙地弹了一首生日歌，周围的人都在为他们鼓掌，老公的心在那一刻融化了。虽然孩子是他们最大的幸福，但贝贝说，老公也绝对不能忽略。

孩子作为家里的小成员，当一切都围着他转的时候，夫妻就难免少了两个人的私人空间。做父母的要仔细研究平衡这个关系的对策，不能顾此失彼，防止因孩子的“横刀夺爱”而让日子变得枯燥无味。所以，如果你想好好地爱孩子，首先要好好爱你的伴侣。如果你已不能爱伴侣，你也要爱对方作为孩子父母的角色，支持对方与孩子之间的良好关系。

孩子应该是一份浓浓的牵挂，是夫妻关系的润滑剂，而不应是“横刀夺爱”的第三者。孩子的需要很简单，父母之间真情流淌的爱才是对孩子最好的礼物。

# 不缺席的爸爸，是对孩子最好的富养

成长是一场远航，有陪伴的父爱，
不沉溺的母爱，
终将撑起孩子远航的帆。

“我没空，要上班赚钱”“我看娃，那你去上班赚钱吗？”“我每天赚钱那么累，回来还不让休息一下？”“能不能让爸妈多带带孩子？”随着社会的快速发展，来自各方面的压力使“父亲”这个角色在家庭教育中参与度越来越低，本就隐形的爱更加地被遮掩起来。父亲在孩子成长中参与度低是世界范围的问题。陪伴孩子的成长是幸福美好的工作，父母更多地参与孩子的生活，不仅是孩子的礼物，更有助于家庭关系的平等和谐。

日本电影《漫长的告别》就演绎了一场缺席的父爱，浓浓的温情感动了无数观众。影片里的爸爸是一位校长，不仅工作忙，而且严肃古板、不苟言笑。父爱缺失下长大的两个女儿，成年后各自生活都不太顺利。在父亲患上阿尔茨海默病直到去世的七年里，父女之间渐渐敞开心扉，女儿倾吐和哭诉自己的苦恼，寻找到遗失的父爱。

父亲用生命最后的七年，补上了对女儿缺失的父爱。迟来的宠爱，支撑着漫长的告别，也撑起了女儿的未来：大女儿婚姻状况有了改善，小女儿的事业和感情生活也出现了转机。孩子的成长没有办法重来，最好的爱，永远藏在陪伴里。

最近几年一直处在热门话题的“丧偶式”育儿虽然听起来不是那么顺耳，但是它确实已经成为当下社会一个无法忽视的问题。我更倾向叫它“隐形式”，因为中国大部分家庭的情形都是女人在家相夫教子，男人在外挣钱养家。教育孩子几乎是妈妈一手掌握，爸爸基本不参与管教孩子。

在备受争议的12岁少年杀母事件中，表面是母亲的管教失败，背后却是父子关系的失衡。事件中的爸爸长期不参与妈妈对孩子的管教，也完全漠视孩子的感受，孩子连写作文都在控诉父亲：“您少打点麻将吧，我失去的爱太多。”父亲在孩子教育中的长期缺失，导致孩子随着年龄增长越来越叛逆，抽烟、逃课、撒谎、打架成为家常便饭，最终“以暴制暴”杀死至亲，可悲可叹。

意大利有一部叫作《美丽人生》的电影，讲述的是一对犹太父子，被送进了纳粹集中营后发生的故事。为了不让儿子的童心受到伤害，父亲对儿子撒谎说他们其实正处在一个游戏当中。在让人绝望的、充满死亡味道的困境中，这位父亲精心地解说每一个环节，让他的孩子相信他们真的是在玩游戏。他说：“我们玩得真开心，真过瘾。”尽管身处悲剧，却用喜剧的方式来过日子，尽管最后他没有等到营救，但他给了孩子一生的正能量。

心理学认为，在孩子的童年时期，特别是认知发展的关键时期，有趣的、高质量的陪伴，是教育孩子的最佳途径。因此，在五光十色的人生中，我们只有站在孩子身旁，走进他的内心，做他的好朋友，才能打开孩子的心门，更好地引导、教育孩子。只有这样，才能激活他们内心的潜能，让他们拥有一个一生难忘的美好童年。

美国教育家赫伯特说过：“一个称职的父亲，抵得过一百个老师。”在家庭中，父亲角色长期缺席，不仅会给孩子的成长带来负面影响，还会影响孩子走向成熟、敢于担当。父爱不缺席指的是爸爸在孩子生命中起的作用——教育、教导、教学、教练，相比妈妈的“舍不得放手”，爸爸主要是“给孩子一个看不见的安全范围让他放手一搏”。不管爸爸在哪里，都可以给孩子传递勇敢的力量。

父爱是支撑一个孩子一生的自信与承担的来源。睡觉前和孩子说一声晚安，出门时跟孩子道别，孩子遇到困难时给他鼓励……父亲的关注和呵护，孩子都能体会得到。孩子会知道，他一直活在父母的爱和陪伴中，能自信、强大地面对成长中的种种难题。成长是一场远航，有陪伴的父爱，不沉溺的母爱，终将撑起孩子远航的帆。

# 让人头疼的“隔代育儿”矛盾

两代人育儿观念不同，
在孩子教养的问题上很容易出现矛盾，
相互理解尊重和理性沟通才是解决问题的重中之重。

在这个快节奏的社会，对于忙于工作的职场达人，尤其是双职工家庭，长辈的帮助对孩子的养育举足轻重。我相信对于很多家庭，如果没有爷爷奶奶、外公外婆帮助带孩子，可能就面临着父母一方必须要权衡放弃职业回归家庭的问题。

俗话说“家有一老，胜似一宝”，通常长辈作为过来人，有很多好的经验，这对我们年轻的爸爸妈妈是很好的指引。但是，对于养育孩子这个问题，似乎长辈们的很多固有经验不仅没有起到好的作用，有时可能还会起到反作用。而年轻父母往往因为必须依赖长辈帮忙照顾孩子，也害怕伤害长辈的自尊，常常也是左右为难，欲说还休。

《安家》里宫蓓蓓家因为喂饭引发的争吵场景被众多网友评价为“过于真实！简直就是家里的现状”。海清饰演的孕产专家宫蓓蓓让婆婆为老二添加辅食，但是婆婆不愿意，认为母乳更有营养。而后，她认为大儿子已经上中班，让公公不要再给他喂饭，而且更不能边吃饭边看手机。而婆婆说：“孩子身上这些肉还不都是我这样一口一口喂出来的，你们年轻人哪有这个耐心？”而宫蓓蓓在提出了自己的想法后与公婆发生了争执。

这个矛盾就是典型的“隔代育儿”矛盾，只要提起“隔代育儿”一定会引来妈妈的吐槽。看似是育儿观念之争，其实问题的根源在于小家庭与原生家庭的界限不明晰。长辈总是试图控制小家庭，以孩子为载体，过渡干涉小家庭的生活，在生孩子之后的头一年里矛盾集中爆发。“养”很简单，“育”却是一件充满技术含量的工作，每个人各有各自的观点，一个宝贝承载了一家三代的希望，承载了两个家庭的期待。宝贝的每一步路，都牵动着无数人的心，在教育和教养这个问题上，没有一个人肯轻易退步，没有一个人想放弃用自己的观念和方式表达对宝宝的爱的权利。

在电视剧《虎妈猫爸》中，茜茜的外婆问佟大为：“培养孩子的目标是什么？”佟大为回答得非常好，他说：“我们当然是希望孩子以后成为公主呀。”只是大家对培养成公主的路径不一样，赵薇饰演的胜男希望孩子能独立，能自己的事情自己干，所以希望孩子孩子能自己洗袜子，睡前不能吃巧克力；而奶奶觉得自己的事情自己干，就不是公主了，而是灰姑娘。

但是正如佟大为所说的，灰姑娘也是公主的前身，最终都会成为公主的。到底哪种路径是正确的呢？其实没有标准答案，因为教育是没有标准答案的，就好像我们都知道自己的事情自己做，可是有一天工作累了，回到家就躺下，特别想有人帮忙倒杯水，如果孩子回一句，自己的事情自己做，相信这也不是我们想看到的。

长辈带娃引发的矛盾，对很多家长来说，永远是无法言说的痛。要是住在同一个屋檐下，不可避免地可能会有一点小矛盾、小摩擦，当教育上遇到问题时，家长们该怎么办呢？

教养孩子，父母不能缺席。在隔代教育中，很多家长很容易会忽略一个问题——到底谁才是孩子教养的第一责任人？显而易见，是孩子的父母。但现实是，大多父母借着上班赚钱的理由，把育儿的重任推给长辈。我们要明确，在教养孩子这件大事上，老人是“配角”，是辅助父母的角色，不能过分依赖，而父母才是真正的“主角”，这个角色无人可以替代的。导致孩子的教育出现问题的诸多因素中，最根本的原因还是父母自己的缺席与忽视。因此，做父母的首先要检讨自己。在教养孩子这件事上，整个家庭明确好分工、责任，矛盾和冲突自然会少很多。

如果家族两代对隔代抚养的利弊有了充分的讨论和认识，将隔代抚养限定在隔代帮忙的界限内，可以最大化地规避隔代抚养的不利之处。隔代帮忙就是家族成员相互合作抚养第三代，但孩子的父母应作为孩子身心成长的第一责任人，祖父母只是父母承担责任的协助者。比如父母不在身边，祖父母可以帮助孩子保持与父母稳定频率的联系，帮助孩子理解父母不在身边的原因，消化小孩内心对父母的“怨恨”；尊重父母对孩子的教育方式，尊重父母在孩子重大事项上的决定权……

老人帮忙带孩子并不是他们分内的事情，更不能把他们当成佣人一样进行指责。他们是长辈，更是伸出援手的人，何况大部分带娃的老人往往把家里的家务事也都包了。如果真的觉得他们有些言行不妥又没法改进的话，早点把孩子送到托管班，现在的早托晚托一条龙服务都可以选择。再小一点不能进托管班的，可以找育儿嫂。有的时候想想公公婆婆再不好，总归不会出现部分幼儿园和保姆虐童的行为吧，这样想想就好多了。心态真的是非常重要的，不能放大缺点看，一定要多想到好处，这样生活才能更和谐。

两代人育儿观念不同，在孩子教养的问题上很容易出现矛盾，相互理解尊重和理性沟通才是解决问题的重中之重。沟通不是说服，不是指责，不是抱怨，是心平气和地好好说话。当遇到困难的时候，应该是一家人坦诚相对，把问题摊开说明。如果长辈可以接受新的育儿观念和方法，那当然是最好的。但如果长辈无法接受也没有关系，因为在沟通过程中，也已经让长辈知道我们的新育儿方法和对孩子的爱。

在不断的试验中，如果我们能及时地看到老人背后的艰辛和努力，他们也会感受到带娃的成就感和价值感。如此，隔代养育不再是难念的经，而是可以一家其乐融融、各司其职的状态。

正如歌德在《浮士德》里说的，“家庭和睦是人生最快乐的事”。一个良好和谐的家庭关系，一定可以让隔代养育变得更加简单而美好，孩子也会拥有更多的能量，更独立地走向未来的人生！

隔代养育问题的根本，其实是对于“什么是正确的教育方式”没有达成共识，各自都在努力佐证自己的观念是正确的，所以冲突的结果并无益于孩子的成长。每一个孩子都是一个独特的天使，我们都应该更有耐心，回到教育的本质上来，无论是祖辈还是父母都要坚信一点：做更好的自己，让美好和美好相遇，一定会塑造更多美好而值得尊重的灵魂。

## 父母之爱，是分别之爱

成功的教育，是一场体面的退出；
好的分离，将成为孩子受用一生的财富。

这个世界上所有的爱都以聚合为最终目的，只有一种爱以分离为目的，那就是父母对孩子的爱。父母真正成功的爱，就是让孩子尽早作为一个独立的个体从你的生命中分离出去，这种分离越早，你就越成功。做父母是全力以赴的修行：学习怎么守护孩子，也学习怎么得体的退出。所有的努力，都是为了让孩子长出翅膀，自己飞翔。

电视剧《小欢喜》热播，宋倩和英子这一对母女的故事，让无数人直呼“压抑”和“窒息”。被母亲宋倩全方位“呵护”的英子，患上了抑郁症，接近崩溃。她爬上站台想要跳海，和母亲的一番对话，想必也扎了很多观众的心，她说：

“妈妈只是不明白，你为什么非要去那个南大呀？”“我不是非要去南大，我就是想要逃离你！”看到英子满脸眼泪，而宋倩却止不住困惑。

平心而论，《小欢喜》中的宋倩并不是一位糟糕的母亲。她知道高三这个阶段对于孩子的未来有多么重要。为照顾女儿的学习和生活，她辞职在家，洗衣做饭。然而，她却犯了一个致命错误，导致女儿与她渐行渐远。

她对英子说：“妈妈最最最爱的就是你呀。自从你到了妈妈的肚子里，妈妈就没跟你分开过，妈妈从来没有觉得，你已经离开妈妈的身体了。”饰演宋倩的小陶虹形容剧中宋倩和英子，不像母女，更像是“恋爱关系”。宋倩没有把孩子当作一个独立的个体，而是把孩子当作自己的连体婴儿。她所有的关心和爱护，表现出来就是紧紧贴着孩子，这就是悲剧发生的根源。

心理学上说，一个人的界限感是逐步形成的。当胎儿在母亲体内，母子是共生的，出生那一刻即肉体分离，心理上依然紧紧相连。然而当孩子慢慢长大，他注定要和父母产生心理分离。否则，孩子会一辈子捆绑在父母身上，成为“妈宝”和“巨婴”，没有责任感和担当，或在渴望独立与爱的牢笼中苦苦挣扎，成长蒙上阴影。

之前很火的一个电影《摔跤吧！爸爸》的结尾中有一个细节，给了我很多启发——影片里大女儿吉塔最后终于杀进了2010年英联邦运动会摔跤决赛。决赛那天但因为教练的阴谋，父亲无法赶到现场。没有父亲的支持，吉塔能赢吗？较量越来越艰难，对手的攻势越来越猛。没有父亲的吉塔，几乎已经被现场解说员笃定失败。

但就在这一瞬间，奇迹出现了。不再仰望父亲力量的吉塔，内心的小宇宙，终于因为自己而全面爆发了！她瞅准对手放松警惕的一刹那，用摔跤比赛中难度系数最高、得分最多的一个动作，成功逆袭成为第一个获得英联邦运动会摔跤比赛的印度籍冠军。在父亲看不见的地方，吉塔学会了独自面对这个残酷的世界。这一刻，我觉得，吉塔真正长大了！

无论我们作为父母想要陪伴孩子整个一生，还是为他铺就完整的人生路。作为父母，其实是一次一次看到孩子成长的转折点，从家中备受宠爱的小太阳，到学校开始学习、树立规矩，走进社会拼搏历练，后来结婚成家，成为有担当的一家之主……这一系列的变化，父母都只能在旁边看着他，不能替代他去完成这部分生命的成长！既然谁也不能陪着谁过完整的一生，那么就祝福我们的孩子吧，用父母的爱，去帮助孩子建立起照顾他自己人生的能力，最终成就他自己。

那作为父母，我们应该怎么帮助孩子做好分离呢？

第一，学会分离的仪式。

父母在离开前，请留出充足的告别时间，和孩子做一个简单的告别仪式。在知乎上有一位妈妈分享了孩子上幼儿园时如何跟孩子做分别仪式。孩子每天早上起床，跟孩子说：“今天还要去幼儿园哦！”孩子听后会不情愿，也可能会哭泣。妈妈可以把孩子的手放到妈妈的心脏上，让孩子感受心跳并且告诉孩子：“这是妈妈的心，等你上幼儿园了，妈妈会用这里想你的，你也可以把妈妈放到这里，用心想妈妈好不好？”

在上学的路上，妈妈为了缓解孩子的情绪，就跟孩子聊天，问孩子：“你每天和老师玩得好吗？我们给老师送一个礼物好不好？”孩子点点头不说话。“我们送老师一个毛毛草好吗？你能帮妈妈留意一下路边有没有吗？”孩子的情绪好了很多，开始在路边寻找毛毛草，很快就到幼儿园了。孩子进幼儿园后，虽然在哭但也没有像别的小朋友那样拉着不走。

因为人对未知是恐惧的，人对已知是感到安全的，这种仪式，能够让孩子做好充分的思想准备，让孩子把未知化为已知，增加孩子的安全感。认真对待每次分离时孩子的情绪，做好告别仪式，让孩子做足准备去面对成长中的每次分离。

第二，态度坚定。

在与孩子分离时，往往是父母的情绪带动孩子的情绪波动。所以，父母要先控制好自己的情绪，如果你也是哭哭啼啼、难分难舍，那孩子就更会难受不堪。许多妈妈都会不忍心看着孩子哭、看着孩子伤心，成长的过程中分离是不可避免的，当没办法避免孩子受挫时，不如相信孩子自己能独立解决。

第三，适当的放手给孩子独立的能力。

父母对孩子最好的陪伴，也许是在放下占有欲，放下控制后，能够以一种更加从容明朗的心态，准备着和孩子建立一生的友谊。在孩子年幼时，给予他亲密的爱，帮助孩子建立安全感；孩子慢慢长大，父母逐渐让孩子分离出父母的各种庇护，让他学会独立；到了青春期，孩子会有很多想法，他想知道自己是一个怎样的人，是一个好人还是坏人，是积极的还是消极的，想知道自己的存在价值，他也想象过未来要想做什么，这时更需要父母照顾孩子的情绪，给予他更多的支持，让他自己去做选择和决定，并提醒孩子要学会自己去承担，学做孩子生命成长中悬崖边上的守护者。

父母不能陪孩子走完人生的下半场，爱孩子就给孩子以独立的空间，让孩子接管自己的生活。懂得退出是给孩子最好的爱，唯有让孩子独立地成长，才是给孩子永恒的爱。

成功的教育，是一场体面的退出：引导孩子发现兴趣爱好，帮孩子丰富精神的世界；培养孩子独立思考能力，帮孩子提升思维的深度；鼓励孩子追求梦想，帮孩子编织多彩的未来。好的分离，将成为孩子受用一生的财富。

# 父母的辛苦，不是孩子的债

爱是双向的，当父母“轻轻”地爱，
孩子对父母的爱自然而然地发生，
爱自然而然地流淌。

父母对孩子的“爱”的本质是什么？是去帮助孩子成为他自己。孩子的成长只能是自我成长，父母不能以控制者的角色去设计，而应该以欣赏者的态度去欣赏，用鼓励和肯定的方式，参与到孩子的生活中去。

但是，许多父母很容易“滥用”自己手中的权力，总是希望通过自己的设计让孩子过上幸福美好的生活。他们从孩子一出生就想着如何设计、控制孩子的成长路线，孩子上什么样的幼儿园，上什么样的小学、中学、大学，应该选择什么样的专业，从事什么样的工作……父母要求孩子成为自己期待的人，而孩子却未必想成为父母所期待的样子。两者之间的差异常常导致冲突的发生。

《带着爸爸去留学》里面的万人嫌女孩朱露莎，有着一位异常彪悍的妈妈。她对朱露莎的全方位庇护与事事代劳，养成了“巨婴”女儿朱露莎。细细探究原因，剧集开始的一幕或许能给我们答案。深夜视频时，朱露莎向父母哭诉自己没有朋友，无法融入新环境时，最为亲近的父母，不但没有丝毫的安慰，反而大施压力，他们说：“我们全家靠你来改变命运呢！爸爸妈妈送你出国不容易。你要理解爸爸妈妈。”朱露莎听到父母的话，彻底崩溃，哭着说：“从小到大，你们只会说你们不容易。你们谁又能理解我？”

其实在父母眼里这样稀松平常的场景还有很多。早上，孩子穿衣磨蹭，你生气大吼：“我这么辛苦，早早起床伺候你穿衣吃饭，送你上学，你怎么一点都不体谅我！”晚上，孩子写作业拖拖拉拉，你委屈地掉泪：“我为了你节衣缩食，付出这么多，就是想让你努力学习，你太让我失望了！”某次，孩子欢快地告诉你自己的需求时，你恨铁不成钢地说：“我每天挣钱那么辛苦，辛辛苦苦把你拉扯大，你怎么一点都不懂事！”

不管有没有意识到，或者愿不愿意承认，在很多父母的心理隐隐约约都有这样一个账本存在，只要孩子不听话，不努力，他就会把这个账本翻出来，对孩子进行情感施压：“你看我为了你做了这么多事，你最后这样回报我，你对得起我吗？”这些父母口中的“回报”，通常就是指孩子要按照父母的意愿和设计去生活，如果违背了他们的意愿，自然就是“对不起”他们了。为什么父母这么执着于为孩子设计人生？有两个方面的原因，一个是心理补偿，一个是心理接力。

综艺节目《放学后》中，就有这样一对母女。吴欢芮的妈妈是一名印刷厂工人，为了女儿长大后不像她一样吃苦，她逼着四年级的女儿拼命努力。

作为一名望女成凤的家长，这样做本来也无可厚非。但是当孩子压力过大，稍有反抗时。父母便开始了情感施压：妈妈一天上班，辛辛苦苦的为了什么？就是为了供你，让你有出息。妈妈舍不得吃，舍不得穿，所有的希望都寄托在你身上，就希望你能出人头地。这场抗争的结局，以母亲的全面胜利，孩子的含泪委屈告终。

我们企图用内疚感“控制”孩子，希望得到他感恩的回报。可结果往往是，孩子为了你的开心与满意，委屈地去压抑自我。节目中的吴欢芮，因为对父母的爱和依恋，最终只能选择沉默，封闭自己，努力去回报父母的“厚爱”。但是这种努力“回报”，让孩子活得沉重无比。

这些父母完全不去考虑孩子是不是有这个兴趣、这个能力，以及承担这个愿望的意愿，事实上，大部分的孩子都是不愿意的，因为每一个孩子都希望成为他自己。在这种情况下，孩子自然会和父母产生激烈的冲突，其导致的结果是，如果孩子屈服了，孩子的一生都会生活在压抑之中。因为即使他选择了自己的道路，他也会想，我让父母的愿望始终不能实现，我就是人们所说的不孝子。而另外一种心理是补偿心理，往往会用另外一种形态，就是过度的爱来控制孩子。这种过度的爱，有时候也会让孩子产生强烈的逆反，这时父母就会说：“我对你这么好，你还这样对我，你怎么是这样的白眼狼呢？”

这两天跟一位朋友聊天，朋友说他父母的婚姻很不幸福，现在孩子已经长大，两人也都老去，但双方之间的关系并没有改善。当他说到母亲曾不止一次地对他们兄妹说：“就是因为你们，我才不离婚。”那种平静的讲述在我看来惊心动魄。“就是因为你，我才被拖累；就是因为你，我才没过好我这一生。”也许母亲只是无意一说，但她一定不知道她的这句话在孩子心里划下了多深的一道伤口。

孩子很容易把父母间的冲突归咎于是自己不够好，如果父母在言行上把对对方的气撒在孩子身上，或是向孩子抱怨“就是因为你”的时候，就更是如此。孩子会因此背负巨大的心理压力，进而压抑自己，否定自己。他们会拼尽全力，用各种他们能想到的办法，甚至是牺牲自己的办法去挽救父母的关系，去拯救自己的家。哪怕孩子长大成人，他们仍对父母怀有愧疚，对自己持有否定并仍为父母命运担责，这种心态会束缚他们的自由，并影响他们的夫妻关系和亲子关系。

前段时间，高考考生王恒杰校门口的“感恩一跪”让他迅速登上热搜。这样勇敢地把爱与感谢表达出来的孩子，身后又有一位怎样的母亲呢？王恒杰的母亲，是一位单亲妈妈，可是这位独自挑着生活重担的妈妈，面对镜头说的话，却让人无比动容，她说："无论如何，你上大学后，妈妈都会去寻找自己的幸福。孩子，你过你自己的生活，只要你开心、快乐，你健健康康的，就是妈妈最大的幸福。"

俞敏洪曾在一次演讲中提到，任何教育的东西，语言或行动，都有一个规则——不能给孩子造成心理障碍和心理伤害。请不要让你的爱标上价码，以"爱"的名义，行"不爱"之事。参与并享受他的成长，收获爱，便是孩子对我们最好的回报……

作家冯尘也说过："所谓父母子女一场，不过是相互滋养。我原本以为自己为你付出了一切，到最后才发现，成全的，原来是我自己。"爱是彼此成就，彼此幸福！愿我们给孩子的，是这世间最纯粹的爱，让这份爱化作一道光，照亮孩子前行的路……

子女与父母之间本无亏欠，本应是一世情缘的温情脉脉，陪伴人生一路的孤独，然而最后多少父母子女成了亏欠与被亏欠的定位。爱是双向的，当父母"轻轻"地爱，孩子对父母的爱是自然而然发生的，没有道德绑架，爱自然地流淌。

# 父母和孩子，需要彼此“看见”

推开心墙，看见彼此的世界。
爱不仅仅需要付出，
更需要理解和表达。

最近有位家长找我反映了这样一个问题，“家里老人总喜欢强制给孩子喂饭，孩子说吃饱了还要一直喂；穿衣服也是，一年四季都喜欢给孩子穿很多，孩子有时候热得满脸通红都不给他脱掉”。这让我不由得想起前不久看过的电影《狗十三》，主人公李玩由于体质原因不能喝牛奶，一喝就吐，可是家里人总是给她递牛奶，只因“喝牛奶对身体好”。

还有《少年说》里的男孩罗俊杰，小学时，每天一个苹果，直到小学毕业共 2190 个苹果。小学毕业后，妈妈又要求他每天一个鸡蛋，就这样，他整整吃了一年半的鸡蛋，共 548 个鸡蛋，他一个不落，全都记在心里。在节目中，小小少年站在高处向楼下的母亲大声高喊："妈，这辈子再也不想吃苹果和鸡蛋了！"表达出自己深埋多年的控诉。

这些案例，无不在揭示这样一个现象：很多父母在养育孩子时，"看不见"孩子真实的存在。我们纠结于如何教育孩子，或者觉得孩子不听话、不好管的时候，都是没有真正地"看见孩子"。每次我说这四个字，父母们总是有点不明白什么叫看见？

玲玲今年十岁了，有一个六岁的弟弟。在家里，玲玲和妈妈约定不能晚睡，如果超过十点睡觉就不能和妈妈一起睡，但是这天晚上11点了，玲玲还在玩iPad，所以妈妈很生气，告诉玲玲按照约定她需要自己睡，但是玲玲不肯，又哭又闹还是要和妈妈一起睡。

在这个例子中，妈妈看到的是孩子玩iPad超时，孩子不守承诺，没有看见的是孩子想要跟妈妈一起睡的内心需求。作为二胎家庭中的老大，常常会感觉妈妈更关注弟弟，对自己的关注少。不能跟妈妈玩，就跟iPad玩吧，不守承诺，还一定要跟妈妈睡，往往是在试探"妈妈是不是爱我"。

而妈妈心中一直有个固有的期望和标准：孩子十岁了就应该自律，有主动性能管好自己。这样的期望和"应该"阻挡了妈妈真正地走近孩子，理解孩子。我们更多关注孩子的行为，却没有看见孩子内在的需求——妈妈，我需要感受到你爱我。

如果妈妈看见了孩子内在的需求，不再纠结几点睡觉，而是多一些母女的亲近时光。在陪伴孩子睡觉的时候，不管是讲故事还是聊天，就全然投入其中，不要心里想着“赶紧睡，睡了我好干点别的。”或者每周有一天的“母女悄悄话”，睡前多陪陪女儿，和女儿聊点心里话，让女儿真切地感受妈妈爱自己，妈妈和自己在一起，她就不会需要通过行为来引起妈妈的关注了。让妈妈和孩子之间的爱流动起来，妈妈能够看见孩子，孩子也能看见妈妈。

有一次在公园野餐，旁边一个孩子看到天空中的风筝，激动地拍拍身边的妈妈，说：“妈妈，快看！风筝飞得好高啊！”妈妈只顾着低头看手机，随意应付几声就过去了，孩子眼中的光顿时就黯淡了下来。在孩子表达自己感受与情绪时，很多家长不注重与孩子之间的共情，常常选择忽视、敷衍或否定。孩子拿着自己的画，开开心心地求表扬，结果妈妈冷不丁来一句：“你要是把你画画的劲头用在学习上，我就省心多了！”

孩子最喜欢的玩具被送人了，闷闷不乐，家长劝他：“你已经是大孩子了，要懂得分享。”其实父母的每一句话都没错，但是孩子听了就是会觉得孤独、难过。情感得不到共鸣，孩子与父母就像存在于两个时空之中。父母看不见孩子的情绪和感受，高兴了、难过了，父母都没有察觉，或者认为无关紧要，孩子得不到及时的肯定与回应，亲子关系中爱与信任的连接就中断了。只有当真实感受被确认和接纳时，孩子才会产生幸福的存在感。

因此，父母要努力做到：在陪伴孩子时，每一刻都是专注的，快乐他的快乐，悲伤他的悲伤，收起你自以为是的评价，享受这个情感连接的过程；在孩子与你交流时，放下手中的事情，专注地看着孩子，倾听孩子，并给他积极的回应，这样孩子才会明白——爸爸妈妈是爱我的，这个世界是安全的。这是孩子建立安全感与归属感的关键所在。

同时，父母也应该努力和孩子沟通，让孩子明白父母做了什么，让孩子“看见”父母。在《老师请回答》这档亲子综艺里，有这样一位父亲。这位父亲和妻子离婚时，为了得到孩子的抚养权，净身出户。为了养孩子，他在外省吃俭用，没日没夜地努力赚钱。有一次治疗牙齿，他甚至没有听从医生建议，擅自对着后视镜，拿改锥把需要治疗的牙齿拔掉了。现场嘉宾追问他怎么消毒和止痛，他说：“两瓶矿泉水漱口。”

但对于父亲的这些隐忍和不易，儿子一概不知。这位爸爸也一直觉得“本来就欠他的，再和他说这些，怕孩子幼小的心灵承受不住”。正因为这份不理解，儿子和父亲矛盾重重，后来甚至闹到要他断绝父子关系。在节目里，儿子听到爸爸这些年的辛酸后，忍不住悄悄背过脸擦拭眼角的泪痕。跟着父亲跑了一趟长途之后，他深切地理解了“爸爸做的一切都是为了这个家”。他第一次对父亲露出了笑容，对父亲诉说自己的关心。

所以，父母想让孩子懂得体谅自己的不易，要主动敞开心扉交流，创造出让孩子了解自己的机会。孩子比想象中更愿意理解你，大多数父母，无论在外面多么辛苦和劳累，回到家里，总会若无其事地面对孩子，默默地承担起家庭的责任。之所以这样做，其实也是出于保护自己孩子，有着不想让孩子过早了解世事艰辛的顾虑。但其实，当你愿意带孩子进入自己的生活，孩子并没有想象中脆弱。

很多时候，孩子根本不需要父母所谓“为了你”的牺牲，而是需要父母的“理解”。作为父母，不要总想着以过来人的姿态去指导孩子的人生，保持一颗谦卑的心，因为你永远不比孩子更知道什么对他来说是最好的。父母最大的智慧，就是把孩子当成一个独立、完整、需要被尊重的人看待，看见孩子，用他真正需要的方式爱他，这比什么都好。

张爱玲说，因为理解，所以慈悲。推开心墙，看见彼此的世界，不仅促进亲子关系，更有利于孩子成长。爱不仅仅需要付出，更需要理解和表达，这样的爱才完整。守住依恋，我们和孩子才能看见彼此、认可彼此，建立起亲密、友善的原生家庭关系。

第八章 Chapter 8

# 风雨过后，一起遇见美好

善良不是一味地忍让或取悦，不是委屈自己成全别人，更不是只满足于眼前的苟且。

懂爱：高情商经营婚姻 ○●○

# 你的善良必须有点锋芒

善良应该有底线，
应该给懂得感恩的人，
而不是被恣意浪费。

爱默生说过，你的善良，必须有点锋芒。

有的人，看上去和颜悦色，很好打交道。他似乎从来都不会计较什么，总是笑脸相迎；他也从来不会让自己“伤痕累累”，总是能在关键时刻“全身而退”，让那些想要算计他的人无功而返。

真正聪明的人，身上都带着“锋芒”。虽然不会主动招惹谁，但也不好惹。

电视剧《都挺好》的女主角苏明玉，就是一个身上有刺的人。原生家庭给苏明玉带来了巨大的伤害，高中毕业后她就离开家独自打拼，生活的洗礼让她的身上长满了刺。在很多人看来，苏明玉是一个不好惹甚至冷血的人，她对家庭漠不关心，甚至过于冰冷，就连在母亲的葬礼上，她都没有掉过一滴眼泪，还差点与哥哥大打出手。

可是，事实并非如此。父亲坚持卖房，为了能保住这个家，她偷偷买下那套老房子；在医院冰冷的走廊里，她望着母亲的病房泪如雨下；为了给哥哥找工作，她动用人脉，四处求人却不露声色。

她从 16 岁开始，就与生活展开了一场永不妥协的恶斗。从不谙世事到独当一面，生活教给她的道理就是——心底有光，身上有刺。

柏邦妮在综艺节目中说过这样一句话："善良是很珍贵的，但善良如果没有长出牙齿，那就是软弱。"

上小学时的柏邦妮因为身材偏胖，而且不够聪明，总会在体育课上受到男生的嘲笑，她从来没有反击过。但这件事给她带来了很大的伤害，让她从小到大都不敢上体育课。直到现在，她依旧是一个连在别人面前做运动都会觉得羞耻的人。时隔多年，她动情地说："如果我能够穿越回过去，我会告诉那个很小的自己，被伤害时，你一定要勇敢地打回去。我们不是要打败他，而是要向他证明，你不是一个软弱的人。"

我们必须承认，在这个世界上，不是所有人都一样善良。有的人甚至会利用你的善良，不断伤害你。对于他们而言，你的宽容只是纵容，你的好心只是软弱，你的善良反而成了你的软肋。可真正的善良，不是有求必应，不是隐忍无度，不是懦弱和愚蠢，更不是别人"道德绑架"你的理由。

做人要拎得清，你的善良，应该有底线，应该给懂得感恩的人，而不是被恣意浪费。

善良不是一味地忍让或取悦，不是委屈自己成全别人，更不是只满足于眼前的苟且。生活不是用来妥协的，你退缩得越多，喘息的空间就越少；日子也不是用来将就的，你表现得越卑微，幸福就会离你越远。

# 我们都要学会富爱自己

女人不仅要富养自己，更要富爱自己。
富爱自己的女人，
任何时候都有一颗充实、丰盈的心。

电影《青蛇》中，青蛇曾问白蛇：“那个呆子许仙有什么好的呢？”白蛇幽幽叹道：“他是没什么好的，但我也不知道会不会遇见更好的。”

这其实是很多女人的心态。

我曾经在一本书上看到这样一句话：匆忙长大却不是成长，因为增长的只是年龄；草率结婚却没有爱情，因为不是正确的人；抓紧婚姻却不是家庭，因为无心经营；儿女不是情感的结晶，只是生物学意义上繁衍的后代。

小然毕业后离开家乡在京郊的购物中心当导购，但她一点儿都不喜欢这个工作，每天上班都不开心，总想换个自己喜欢的工作。可是她手中的钱在付了三个月的房租后就所剩无几。事实上，小然几乎没有在生存和喜欢之间做选择的余地，家人也没有经济能力供她在北京慢慢找工作。坚持了半年后，小然准备回老家。回老家之后呢？相亲、结婚、生子，按部就班地过完余生。

其实，小然可以利用休息时间去看看故宫、颐和园，逛逛国家博物馆，听一场相声，哪怕只是去一趟光鲜亮丽的三里屯，就能看到北京的另一面，更加了解这座城市。这样，她才能对北京产生好感，有了爱才会有归属感，才能被小事感动，心生柔软，而不只是城市中的匆匆过客，满眼都是雾霾，满心堆积负能量。

如果我们看不到世间的美好，就始终没有眼界和心胸，这不仅会阻碍我们的生活态度和人生格局，更会让我们陷入生存的烦恼中。

很多人都明白“富养自己”是怎么回事，那再富爱自己一点呢？活得体面一点就有了身价，活得坚强一点就有了勇气，活得克制一点就有了教养。多爱自己一点，就可以活得从容、活得漂亮。

工作是安身立命的根本，即便不是自己喜欢的，我们也要尽力去做好，并且依靠自己的职业素质打出一片天地。这样的你才能拥有自己的社会价值，并因此赢得尊重和让自己变得更好的资本。在这个基础上，我们还应该不断提升能力，以便去做自己真正喜欢的事。我身边有很多人把个人爱好发展成赚钱营生，这就是让人羡慕的生活智慧。

当今时代，每个人都可以有很多种选择，你可以选择尝试各式各样的爱好，经营各种形式的生活；你可以选择一个人优雅的生活，也可以选择浪漫的二人世界，更可以组建幸福的三口之家。只要你爱自己、爱生活，你的生活就是你自己的调色板。幸福不是一种状态，而是一种心态。富爱自己的女人，任何时候都有一颗充实、丰盈的心。

世间路有千万条，不同路的人有千千万。在一起时，我们彼此珍惜；分手后，我们彼此祝福。每个人的一生都是如此，好多人来又好多人走，不要轻易将心完全托付给一个人，从你全然依赖的那一刻起就会收获痛苦。这世上，能陪伴自己终生的只有自己。富爱自己，拥有一颗强大的心。

女人不仅要富养自己，更要富爱自己。富爱自己的女人，配得上最好的一切。时光也会宠爱你，每天早上站在镜子前，你会发现自己比五年前，甚至十年前，更美。

## 危机来临，怕的是你一无所知

所谓的成长，
就是在一次又一次的危机中从容以对。

奥斯本说："幸福婚姻的前提是各自努力去满足对方的需要。但是完全满足是不可能的，因此也应该学会明智地承认现实。"婚姻出现危机也不是无迹可寻，有些征兆的出现能够让你第一时间发现危机所在。

瑞典电影《婚姻暗流》被评价为"看完之后再考虑结婚"的经典婚前教育片。看了开头，会真的很想结婚。42岁的丈夫约翰，是心理学院的副教授，看上去睿智成熟；35岁的妻子玛丽安，是主修家庭法的离婚律师，

美丽温柔又干练体贴。他们有两个可爱的女儿。

两人坐在沙发上接受记者专访，讲述他们十年婚姻的幸福秘诀。他们之间没有任何问题，令人羡慕。但玛丽安的一句“没有问题恰恰是一个很严重的问题”，又仿佛暗示我们一定会发生些什么。

在一个很平常的晚上，约翰疾风骤雨般地向玛丽安坦白了自己早已出轨的事实，对象是担任过自己的翻译兼助手的女学生保拉。他之所以要坦白，是因为他和保拉已经决定了，第二天一早要一起离开。

玛丽安根本没反应过来发生了什么。她只知道，他们是最完美的伴侣，有最幸福的婚姻，过着很多人都羡慕的生活。她想知道，自己究竟做错了什么？这段婚姻到底出了什么问题？

清晨来临，约翰毅然决然地离开了，那一刻，他觉得“当一个什么都不管不顾的无赖简直爽爆了”。玛丽安震惊之余，后悔自己为什么像个傻瓜一样什么都没察觉到。事实上，他们的婚姻的确早就显现出了一些危机迹象，只是玛丽安并没有在意。

当出现以下三种情况时，你就要及时关注你的婚姻，避免出现无法挽回的问题。

第一种，互相嫌弃。

不知道从什么时候开始，你们看对方越来越不顺眼。对方的所有行为都让你心烦，有时你甚至希望对方走得越远越好。你们以为是对方变了，但其实只是你们不爱了。相爱的时候，这些缺点在你们眼中都是可爱的。你们的互相嫌弃、埋怨，会让对方更加厌倦婚姻。久而久之，这段婚姻会让你们觉得痛苦。

第二种，没有激情。

虽然我们都追求平淡安稳的生活，但有些时候过度与持久的平淡也代表着麻木和无趣。当夫妻生活变得平淡后，慢慢地你们会开始不重视对方，即便对方在外人眼中再漂亮、再优秀，你对爱人都没有什么感觉。在这种情况下，感情进入疲惫期，婚姻危机其实已经存在了。

所以，时不时地创造一些浪漫，来一场旅行，捡起一个早被遗忘的爱好，让你们的生活荡起一点波澜。

第三种，缺少沟通。

类似“你为什么不告诉我，我一点都不知道”这样的话，常出现在对峙时的夫妻的口中。很多自私的“我以为”，往往是产生问题、滋生困扰的导火索。当夫妻俩慢慢由无话不说变成无话可说，由见到对方就会笑变为看到对方就不舒服的境地，婚姻就充满了危机感。如果夫妻一方连几分钟的时间都挤不出来、连几句话都不想和对方说，就要警惕，你们的婚姻开始出现问题了。

夫妻之间最怕的就是“隔着心”。人的思想和情绪是最难捕捉的，夫妻间时常谈心是必不可少的功课。当婚姻出现问题时，不要简单地把责任推给对方，主动地反思、反省、改变自己，承认自己在夫妻相处中的某些不足，勇敢地纠正自己。这样反而能更轻松地把握婚姻的走向，将婚姻生活推回正轨。

所谓的成长，就是在一次又一次的危机中从容以对。危机并不可怕，相反，其可能孕育着感情升华的机会，关键是你是否具备这样的能力和智慧。

# 在浮躁的世界里，不焦虑地生活

梦想应该是为生命注入希望和方向的动力之源，而不是万劫不复、沟壑难填的欲望之河。

电视剧、电影中的一些女性角色不论年纪多大，好像都有种焦虑感。我认为这很写实，我们每天都活在焦虑中。大部分人内心中都有很多规则，让我们觉得不遵守就不踏实，十几岁没有好成绩，二十岁没有找到男朋友，三十岁没结婚没孩子，四十岁婚姻不顺……

总之，前面的焦虑刚消失，后面的焦虑便接踵而至。那么我们为什么会焦虑呢？我们焦虑的原因是什么呢？很多时候，我们会把原因归于外在因素。比如一个在感情中难以获得安全感的人，总是会担心自己的伴侣出轨，或者离开自己。那真正焦虑的原因是伴侣不好吗？实际上问题并不一定出现在伴侣身上，而在于这个人看待伴侣的方式和态度。当一个人不相信自己值得被爱，或者不相信别人会无条件爱自己时，不管对方怎么做，都会认为对方最终会抛弃自己。所以，造成焦虑的真正原因未必就是外因引起的，而是因为对外在的不合理认知。

何炅和黄磊搭档的慢综艺《向往的生活》为何那么受欢迎？还不是因为以另一种方式触到了都市中人的痛点——焦虑。那么多明星，那么多在灯红酒绿中厮杀的人，一到了《向往的生活》里便放松下来，是因为他们发现在那个远离了城市喧嚣的蘑菇屋，他们赖以生存的挣钱能力，并不能对这里的生活起到至关重要的作用。会演戏、会唱歌、会弹琴，都不过是一种闲来消遣，不能谋生。一切在都市中令你光鲜亮丽的本事，都不如在这里弯下腰劈柴、插秧来得实际。《向往的生活》里的幸福感是一蔬一饭的获取，而不是一分一厘的必争。

导致一个人产生焦虑情绪的，主要是他内心深处的思维谬误。这种思维谬误并不是敌人，而只是你对待事物的一种主观感受，虽然不是洪水猛兽，但也不能掉以轻心。所以，当你焦虑的时候，不要急于认定这是一种心理疾病，焦虑感本来就如家常便饭一样，并不只是社会高压状态下的产物。面对生活中的各种突发状况，我们每个人都要学会修炼自己的内心，学会觉知当下，因为当你真正了解了焦虑，你才能看清自己的内心，才能和焦虑的自己和解。

有的人习惯在做事的时候把结果往最坏的方向去想。“我要是发火的话，他会不会和我分手？”“我要是在这件事上拒绝他，是不是朋友就没得做了？”类似这样的想法，会给我们的内心带来很大的压力，让人忐忑不安，于是变得焦虑。改变这种谬误的方法，就是当这些念头出现的时候，试着对自己说："我没有预测未来的超能力，这不过是自己吓唬自己罢了。现实是，之前担心的事，绝大多数都没有发生。"

其实，消除焦虑并不是要与焦虑为敌，我们应该接受焦虑的存在，并从焦虑中获取力量。作家海伦·奥德斯基经常说一句话——思维一变，希望无限。这句话包含了两层意思。第一个层面是转换思维，你才会从情绪旋涡中得到解放，才有可能赢得未来。第二个层面是重构思维，你可以超越自己给自己限制，有更高级的认知、更硬的实力、更广阔的人生。

作为家庭的成员，如何消除焦虑呢？

首先，接受人生的不完美，接纳自己。朋友丁丁有了孩子之后成了全职太太，每天忙于家务和孩子。某一天，孩子尝了一口她炒的菜，满脸笑容地对她说："太好吃了，妈妈你太棒了！"那一刻，她心里暖暖的。然后福至心灵，她接纳了此刻的自己。她承认自己无法做到一边带孩子一边光鲜亮丽；承认自己现阶段很忙碌，有很多事情要做。她知道自己并不完美，但她对于家庭、对于孩子有自己的贡献，所以她接纳自己。

其次，回到当下，关注你拥有的。朋友丁丁想明白不论是妻子还是母亲都是人生必经的一个阶段后，她就决定把每一天都过好，做好当下的每一件事。陪孩子玩玩具、做游戏的时候，就当把童年重新来过；和孩子一起阅读绘本的时候，就化身各种可爱的小动物；一起晒太阳的时候，就享受暖暖的感觉和阳光的味道。这个时候，她才意识到她又拥有了很多东西。

最后，行动是缓解焦虑的最佳途径。作为一名妻子和母亲，最大的焦虑来自于未来的不确定性，而要让这不确定性更多转换为我们可以把握的选择，唯一的方法就是行动起来，保存并增加自己未来的筹码。丁丁的选择是开始心理学的系统学习，并开始尝试写作。一方面是保持一种积极的状态和与外界的链接，另一方面也是在为未来的职业选择储备一些资源。

在这个过程中，她感受更大的是自身的成长，对生命和生活有更多主动的思考。当她把学习、工作和洗衣、做饭、照顾孩子一并列进日程表并开始执行的时候，生活似乎更多了一份踏实和底气。

所谓不焦虑，首先是内心对未来的笃定，不急躁，不盲目。只要方向正确，步子稳定，何时抵达就只是时间问题罢了。其次是对生活稳定的把握。明白什么是可以改变的，比如如何看待自己、看待世界，然后尽自己所能去改变它；明白什么是自己无力改变的，然后放手，看淡。人生一世，草木一秋，即使是物欲横流，也要坚守，唯有静心笃定，方能不乱一心，安然面对。

很多时候，焦虑也是我们自己创造出来的，比如财务自由、让孩子上更好的学校、让家里换个更大的房子。这些目标、梦想一旦实现，我们就开始有更大的梦想，就拥有了更多的焦虑。有梦想是很美好的，但梦想应该是为生命注入希望和方向的动力之源，而不是万劫不复、欲壑难填的欲望之河。

# 人生没有白走的路，每一步都算数

人生没有白走的路，每一步都算数。
无论什么时候，你学过的东西，
都可能会带给你惊喜和收获。

很多人都曾有这样的疑问：我现在走的路是正确的吗？如果错了，这么多辛苦不就白白浪费了吗？我有没有绕弯路？还有没有更省力的方法？

事实上，世界上没有真正的捷径可以把你送到你真正想走的道路之上。

星光不问赶路人，时光不负有心人。你尽管踏实下来，一步一步往前走，何时抵达只是时间问题。

人生没有走错的路，只有走过的路。

我有一位大学室友，她平时是一个很安静的姑娘，安静到有些不合群。

别人出去逛街的时候，她在图书馆看书；别人出去看电影的时候，她在宿舍戴着耳机练听力；周末的早上，大家都在睡懒觉，而她已经早起，到教学楼前面的花园里练口语了。

那一年英语六级考试，她考了全年级第一。可即便如此，她依旧没有一丝松懈，该读的书、该做的题，只多不少。

临近毕业，大家都在为找实习单位而忙得焦头烂额，而她直接被一家外贸公司高薪聘走了。我们是羡慕的，但是一点都不觉得意外。

正是应了那句话，人生没有白走的路，每一步都算数。常年以来养成的高度自律，让她在各个方面都优于常人。对于学习，她始终抱有一颗敬畏之心，而这种敬畏心已经成了她的一种习惯。只是这些，我们在很多年以后才明白。

一位今年刚上大一的读者找我推荐几本关于写作的书籍，说自己打算开始学习写作。于是，我推荐了一些给他，却没想到他是这样回复的："这些书你都看过吗？确定对写作有用吗？不要看了白费时间呀。"我无奈地耸耸肩，告诉他："没有什么白费不白费的，你只有自己看了才知道。"很多时候，身处这样一个焦虑且快速的时代，我们都怕走弯路，怕付出了得不到收获。小到读一本书，大到谈一场恋爱，我们都得经过缜密的计划，才肯在确保万无一失的情况下踏出前行的步伐。

人的一生不到终点的时刻，你又怎知哪一步是弯路，哪一步是捷径呢？当你计较得失、裹足不前的时候，你就已经输给了自己。

曾国藩少年时志向远大，立志要做圣人。立志之后他便开始给自己订立规矩，从道光二十二年十月初一立志自新之日起，每天做“日课”。次日起，曾国藩给自己规定了基本的学习日程：每日楷书写日记，每日读史十页，每日记茶余偶谈一则。此外，还每日读《易》，练习作文。

直到逝世前四天，他还在日记里反省自己。

晚年曾国藩总结自己的人生体会说：“人的一生，就如同一个果子成熟的过程。不能着急，也不可懈怠。人的努力与后天的栽培，会让一棵树静静地长高，也会让一个人慢慢成熟。毋揠毋助，看平地长得万丈高。”

电视剧《三十而已》让江疏影的事业更上一层楼，而看完她本人的经历，我更忍不住赞叹，简直比电视剧还要精彩！从上海戏剧学院毕业后，同学们都争先恐后地进娱乐圈，她却下了一个决定，去英国读硕士。当时，很多人都不理解和反对，毕竟女演员的黄金时期就那么短。但江疏影坚持自己的想法，“我想走属于我自己的路”。

然而，留学这条路没有想的那么容易。等待她的是语言不通的环境、难以修到的学分和 1000 多页的全英文专业书。她后来回忆，自己开始什么都听不懂，急得撕书，但哭完又继续听、继续学；为了能找人练习口语，她去饭店做服务员，擦桌子、端盘子，一天下来脚都磨破了。正是凭着这股坚持和韧劲，她最终攻克了语言关，拿到了硕士学位。也恰是因为她有留学的背景，才被选中成为女主角，一炮而红。

在综艺《花儿与少年》中，她全英文交流，租车、订酒店全不在话下，成为团队的“外交担当”，圈粉无数。在英国首相特蕾莎·梅访华时，她更是被选中充当讲解员和翻译，和世界名流政要一起登上各大热搜榜单。当初吃苦学的英语，不仅帮她拿下了人生的第一个主角，还让她走到了世界的前沿，一出场就备受瞩目。

果然，人生没有白走的路，每一步都算数。无论什么时候，你学过的东西，都会带给你意想不到的惊喜和收获。

别让怕走弯路的胆怯，磨灭了你出发的勇气。你学到的东西，或许不会带给你直接的财富，但是它会幻化成你的思想、你的格局，和你融为一体。你学到的每一项技能，都让你多一分直面这个世界的底气。当下的社会环境里，哪怕你只是原地不动，就已经是退步了。时代变化很快，比你优秀的人却比你还要努力。当你放弃学习，世界也便放弃了你。

# 不惧未来，不负时光

所有的过去都是独一无二的经历，
所有的将来都有值得期待的风景，
所有的现在都有着正好的安排。

花开花落终有时，相逢相聚本无意。在这世上，任何人都左右不了生死，也永远留不住时间。面对这样的无奈，冯唐说："既然岁月留不住，坦然面对后半生。"多么精辟，一语中的！就像风来时我们抓不住风，阳光普照时我们也存不下一缕光。如果此时，我们还在埋怨风来得太猛，日头太烈，又怎能感受到风拂过时满身的惬意，阳光洒在身上暖透心脾？平静安和、岁月静好的日子，不是不存在，而是需要我们放宽心，坦然地去面对。

说起伊能静，"美少女""公主病""爱作"一直都是她的标签。伊能静在52岁生日时给自己写了一篇文章，52岁了，她仍然称呼自己为女孩，仍然感叹这是最好的年纪，未来还可以更好；52 岁了，她仍然会为了孩子的爱而感动、流泪，仍然愿意为了妈妈的身份去努力成长；52 岁了，她仍然对爱情和婚姻充满了激情，仍然像滚烫的水一样沸腾，一样热爱生命……

《真实的幸福》中说："对过往的美好时光不能心存感激和欣赏，对过去的不幸夸大其词、念念不忘，这两种行为是我们得不到平静、满足和幸福的罪魁祸首。"我们不必去感谢苦难，但是当过去已逝，是好是坏都无法重来，怀着一种值得而无悔的心态，一路向前，或许才是给自己最好的答案。该放就放，该断就断，学会了放下，才能空出双手，触摸幸福。

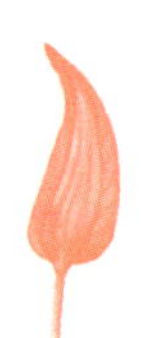

有一个小和尚，负责清扫寺院里的落叶。落叶堆积，他每天都要花费很多的时间和精力。然而，好不容易扫干净了，到了第二天，落叶又满地，一切又要重头来过。日日如此，他心中便生了厌烦，总是想着能有一个好办法，一次性扫完所有落叶。有人告诉他："在打扫前用力摇树，把树叶全部摇下来，这样第二天就不必打扫了。"小和尚高兴地照办了。

可是第二天，地上还是落满了落叶。明天的落叶，永远不会在今天落下，而且你不论如何用力，也清扫不了明日的落叶。人生也是如此，未来的事情，或好或坏，永远不会在今天降临，而今日再多的担忧，也改变

不了什么。该来的总会来，与其焦虑不安，不如早日做好准备；不该来的终不会来，与其庸人自扰，不如享受此刻的轻松与欢愉。与其为了明天可能发生的事情而惶惶不安，不如用开放的心态面对未来，不必过分期待，也无须过于恐惧，最重要的是永远不要丧失生活的热情和出发的勇气。

正如美国诗人朗费罗所说：“要以不忧不惧的坚决意志投入扑朔迷离的未来！”

人生是由无数个“当下”组成的，有快乐、有悲伤；有热闹、有平淡；有匆忙、有宁静。吃饭时吃饭，睡觉时睡觉，看书时看书，杂念不必太多，活在当下的时刻，便是正好的幸福。过去的事情，我们无法改变；未来的情况，我们无法预测，只有“每时每刻”，始终在我们手中，如此真实，如此美好。一生很短，好好对待时间，才能收获好的生活。

请相信，所有的过去都是独一无二的经历，所有的将来都有值得期待的风景，所有的现在都有着正好的安排。愿你不念过往，不负当下，不畏将来，活出一生的幸福。